KB031501

문제는 교육이야!

문제는 교육이야!

교육이 부산의 희망입니다

김석준 지음

산지니

추천사

김석준이 가꾸는 교육이 부산의 희망이다

김 상 곤 (경기도 교육감)

맞다. 30년 교수 세월엔 시간만 쌓인 게 아니다. 무엇보다 부산 사람 김석준이 온몸으로 겪었던 세상이 있고, 그가 꿈꾸는 새로운 세상이 있다. 그러니 김석준의 지층은 얼마나 많은 것을 담고 있을까?

초등학교 내리 반장을 지낸 단정한 모범생, 피 끓는 청년의 심장을 갖게 된 부산고 2학년 3반, 격변의 시대 행동하는 지식인의 기수, 양심과 지조를 버릴 수 없어 핍박받았던 젊은 교수, 이제는 세상의 길을 트고자 행장을 꾸리는 '선생님'. 그의 삶은 우리를 몰입하게 한다. '적어도 내 스스로 금정산을 떠나는 일은 없을 거다'라 말하며 처음부터 끝까지 부산 사람임을 자부하는 그에게서 순수한 열정이 느껴지기 때문이다. 뭉클하고 애

틋하다.

그와 꽤 오랜 세월을 함께했다. 민교협 시절로 거슬러 올라간다. 깊고 넓은 사람으로 기억한다. 그 세월을 글로 만나, 더 강인해진 그를 다시 느낀다. 작년 부산교육포럼 창립을 맞아 혁신학교 성과를 나눌 때 부산형 혁신교육의 불씨를 지피겠다고 다짐하던 모습을 기억한다. 교육이 부산의 희망이라 단언하는 이 책은 그 신념의 완결이다.

김석준이 말하는 교육은 30년 사범대 교수 활동에서 뽑아낸 정수이다. 아이들에게 꿈을, 학부모에게 믿음을, 선생님에게 보람을 되돌려주는 일보다 희망찬 일이 있을까.

김석준이 가꾸는 부산 교육이 한국 교육의 봄을 앞당기길 기대한다. 미래와 희망, 우리는 이것을 아이들이라고 달리 부른다. 너무도 상식적이지만, 김석준은 교육이 아이들을 위한 것임을 잘 새기고 있다. 그는 아름답게, 힘차게 나아갈 것이다.

오직 한 길을 걸어온 지식인,
김석준의 새로운 희망 찾기를 응원하며

조 국 (서울대 법학전문대학원 교수)

김석준 교수님을 처음 만난 것은 내가 1992년 울산대 교수로 부임하여 '민주화를 위한 교수협의회' 일을 함께 하면서부터였다. 그 후 서로의 활동공간이 달라져 교유가 예전 같지는 않았지만, 나는 늘 김 교수님을 존경해왔다. 무한경쟁의 교육을 바꾸어 학생, 교사, 학부모가 행복해져야 한다는 신념, 개인적으로 어렵고 험한 요청이라도 시대와 사회가 요구하면 마다하지 않는 헌신, 의견이 다른 사람일수록 손을 잡고 껴안는 품성 등, 내 고향 부산에 김 교수님 같은 지식인이 계신다는 것은 나에게 큰 힘과 용기를 주었다.

우리 교육의 현실은 심각하다. 입시 위주의 교육체제가 계속 유지되면서 가장 활기 있고 생생하고 아름다워야 할 10대의 인생은 온통 회색빛이다. OECD 소속 나라 중 한국의 청소년 행복지수가 꼴찌이고 자살률이 1등인 것은 필연적 결과이다. 초등학교 시절부터 시작되는 무한경쟁에서 용케 살아남아 원하던 대학에 들어오더라도 높은 청년실업난과 보람을 찾기엔 터무니없이 열악한 노동환경이 젊은이들을 기다리고 있다. 이른바 '명문대'에 들어가지 못하면 '루저' 취급을 당하고 취업 원서 접수의 기회조차 사라진다.

이러한 상황 앞에서 "어쩔 수 없지"라고 자조하며 손 놓고만 있을 것인가? 자기 아이가 승자가 되길 바라며 아이로부터 휴식도 놀이도 빼앗고 학교와 학원으로 뺑뺑이 돌리는 길로만 달려가면 문제가 해결될까? 경쟁을 하더라도 공정한 기준이 있어야 하고, 일등이 아닌 사람도 인간으로서 품위를 유지하며 살 수 있는 최소한의 안전망이 갖춰지는 그런 교육체제가 필요하다. 현재의 초·중·고교 교육은 바뀌어야 한다. 다른 광역단체에서는 여러 혁신적 시도가 이루어지고 있지만, 부산은 여전히 낡은 체제의 족쇄를 벗어나지 못하고 있다.

부산 교육, 이제 확 바뀌어야 한다. 김석준 교수는 이 과제를 해낼 수 있다. '부산학 박사'라고 불릴 정도로 부산의 모든 것을 속속들이 알 뿐만 아니라, 30년간 사범대 교수로서 교육의 외길을 걸어왔다. 또한 부산 지역 정치권과 시민사회와의 소통 역시 매우 원활하다. 그가 살아온 삶의 궤적을 보면 그가 실현해낼 부산 교육의 모습이 훤히 보인다.

물론 김석준 교수가 아무리 훌륭해도 혼자서는 풀어가지 못한다. 부산 교육문제 해결을 위해서는 소속 정파와 단체를 넘어 모두 함께 지혜를 모으고 힘을 합쳐야 한다. 이를 통하여 부산 교육을 바꾸고, 부산을 바꾸고, 대한민국의 미래를 바꾸자!

목차

3장

사범대 교수로 살아온 30년

4장

교육이 부산의 희망이다

프롤로그

교육이 희망입니다. 아이들이 희망입니다.
그런데 지금 부산의 아이들은 희망이
보이지 않는다고 합니다.
어른들이 만들어놓은 정글 같은 학교에서
행복하지 않다고 합니다.
아이들이 희망의 끈을 놓게 해서는 안 됩니다.
이제, 교육이 부산의 희망이 되어야 합니다.
아이들에게 웃음을, 선생님들에게 자긍심을,
학부모들에게 믿음을 돌려드려야 합니다.

내가 살아온 인생의 지혜 한 조각, 그래도 남보다 나은 여건을 누리며 살아올 수 있었던 덕분에 열심히 탐구하고 실천할 수 있었던 지식과 경험들이 부산교육 혁신에 조금이라도 보탬이 될 수 있다면 얼마나 좋을까. 그래서 부산교육의 새로운 미래를 열어가는 데 작은 밑거름이라도 될 수 있다면 정말 좋겠다. 나보다 더 나은 누군가가 있으면 뒤에서 말없이 돕고, 작은 뜻이라도 함께할 이가 있다면 내가 먼저 용기 있게 앞장서고. 그렇게 서로의 힘을 조금씩 보태가며 이 끝도 해법도 보이지 않는 절망의 폭주를 멈출 수 있다면 얼마나 기쁘고 행복할까.

굳이 말하지 않아도 누구나 알고 있는 것처럼 세상의 희망이고 미래인 '교육'이 우리를 더 깊은 절망의 나락으로 떨어뜨린 지 오래다. 그 아픈 절망의 상처들을 우리 일상 곳곳에서 쉽게 발견할 수 있다. 절망적인 교육현실은 자라는 아이들뿐 아니라, 교사로서 또는 부모로서 최선을 다해 살아가는 많은 이들을 좌절시키고 있다.

최근 서울대 사회학과 75학번 동기인 성공회대학교 조희연 교수가 페이스북을 통해 나에 대한 소회를 풀어놓았다. 그는 먼저 내가 그동안에 어려운 선택만 골라하면서 고생만 '직싸게' 해왔다고 언급했다. 그렇지만 이번에는 내가 부산교육의 혁신을 리드할 기회를 가졌으면 좋겠다는 친구로서의 소망을 이야기했다. 조희연 교수의 글을 읽고 나니, 그동안 너무 어려워 잠깐 밀쳐놓았던 숙제가 다시 내 앞에 놓인 기분이 들었다.

나는 아직 이 사회에 갚아야 할 빚이 있다. 지난 인생을 돌아보면 70, 80년대의 암울했던 시대로부터 새로운 시대적 과제와 도전에 직면한 오늘에 이르기까지, 나는 다른 사람들보다 많은 혜택을 받으며 살아온 사람이라고 생각된다. 소위 우리 사회에서 명문으로 알려진 부산고, 서울대를 거치면서 남보다 좋은 여건에서 교육을 받았다. 또 군사독재정권에 맞서 싸우던 시절 수많은 사람들이 엄청난 고초를 겪을 때도 나는 대학교수로, 진보적인 지식인으로 살아가면서 나름대로 내 뜻을 펼칠 수 있었으니 정말 운 좋은 사람이지 않은가. 그래서 나는 늘 많은 사람들에게 빚진 마음으로 살아올 수밖에 없었다.

시대의 흐름에 따라 지식인들의 의무와 역할도 변하기 마련이다. 아직까지 풀어야 할 숙제들이 많이 남아 있긴 하지만, 시민들의 힘으로 이만큼 사회 각 분야에서 민주화를 이루고 인권을 보호할 수 있게 된 지금, 나는 다시 한 번 시대적 소명에 충실하고자 했던 한 사람의 지식인으로서 내가 할 일이 무엇인가에 대해 생각해보았다. 그리고 그것은 다름 아닌 교육이라는 결론에 도달했다. 그동안 학생들을 가르치고 많은 일선 교사들과 교류하면서, 또 부산교육에 대해 연구하면서 우리 사회의 교육, 특히 부산의 교육을 더 이상 이대로 두어서는 안 된다는 것, 교육을 변화시켜 우리 사회의 희망을 찾아야 한다는 사실을 절실하게 깨닫게 되었다. 나의 이런 절박한 문제의식을 보다 많은 사람들과 함께 나누고 싶다.

1장

내가 만난 세상, 내가 꿈꾸던 세상

우암동 골목마다 새겨진 동심

내가 태어난 곳은 경북 봉화군 물야면의 조그만 산골 마을이었다. 내가 태어나기 전에 어머니는 아름드리 밤나무에서 탐스럽게 열린 밤송이를 따는 태몽을 꾸시고는 아들이구나 싶어서 내심 안도하셨다고 한다. 그렇게 나는 수안(遂安) 김가 27대손이자 집안의 종손으로 세상에 나왔다.

내가 태어나기 보름 전에 할머니는 사내아이를 낳고 몸조리 중이셨다. 그렇게 조카와 삼촌이 보름 간격으로 태어나는 광경을 보는 일은 당시에 그리 드문 일이 아니었다. 아버지는 내가 태어난 지 한 달 만에 군에 입대하셨다. 그리고 내가 네 살 되던 해에 제대를 하고 부산으로 이사를 하면서 분가를 하셨다.

아버지는 성창기업이라는 합판공장에 취직을 했고, 그때 우리 가족이 자리 잡은 곳이 바로 우암동이다. 아버지는 내가 열한 살 되던 해에 친어머니를 잃고, 세 명의 새어머니를 맞아야 했다. 그래서 모두 열한 명의 동생을 두게 되었고, 그 덕분에 나는 동갑이거나 나이가 더 어린 삼촌과 고모까지 얻게 되었다. 이런 다소 복잡한 집안 분위기 탓인지 아버지는 할아버지와 그리 사이가 좋지 않으셨다. 그래서 제대 후 서둘러 취직을 하고 사과 궤짝에 숟가락과 밥그릇만 챙겨서 부산으로 와버렸던 것이다.

*

아버지는 입대 전에 경북대학교 농대를 다니셨다. 그러나 결혼과 함께 가장으로서 생계를 꾸려나가야 했기에 제대 후에 복학은 생각할 수도 없었다. 그런 아버지에게 유일하게 삶의 위안이 되었던 존재는 아마도 가족이었을 것이다.

우리 식구들이 부산에 정착할 당시에 살았던 우암동은 지금도 부산에서 손꼽히는 달동네다.

한때 전국적으로 인기몰이를 했던 영화 〈친구〉 말미에는 준석 역할을 맡았던 배우 유오성이 법정에서 주소를 말하는 장면이 있다. 덕분에 보잘 것 없던 부산의 달동네 우암동은 한때 전국적인 유명세를 탔다. 실제로도 내가 어릴 때만 해도 우암동은 부산에서도 깡패들이 많고 가난하기로 유명한 동네였다. 그렇게 거칠고 초라한 동네였지만 골목골목 아이들 웃음소리도 있고 사람 사는 냄새가 있었다.

*

내가 일곱 살 되던 무렵에 아버지가 다니던 회사에서 사택을 제공해 우리 가족은 우암동에서 감만동으로 이사를 하게 됐다. 그러나 우암동이나 감만동이나 동네 분위기는 거기서 거기였다. 새로 이사한 감만동 집 근처에 큰 철물공장이 하나 있어서 연일 냄새와 소음에 시달렸다. 하지만 그런 열악한 조건 속에서도 나는 동네 아이들과 어울려 놀면서 우리들만의 재밋거리를 찾아내곤 했다.

당시 감만동 일대는 도로포장이 되어 있지 않아서 비만 오면 진흙탕으로 변했다. 그래서 동네사람들이 인근 철물공장에서 쇠파이프를 만들고 나온 폐기물을 마치 자갈처럼 길에 깔아두었다. 유리덩어리처럼 생긴 그 폐기물 속에는 작은 쇳조각이 붙어 있었는데, 나는 종종 동네아이들과 어울려 그걸 빼내 강냉이 튀김이나 엿으로 바꿔 먹었다.

초등학교 4~5학년 무렵에 친구와 아이스케키통을 메고서 길거리 장사를 다녔던 기억도 난다. 생각보다 장사가 안 돼 우리가 거의 다 먹어 치우고 말았지만, 지금은 어린 날의 즐거운 추억이 되었다.

당시에는 가정형편이 무척 어려워 아이스케키나 찹쌀떡 장사를 할 수밖에 없었던 어린아이들이 꽤 있었다. 그걸 보고 부러웠던지 굳이 그렇게까지 하지 않아도 될 애들까지 덩달아 장사에 나서는 일이 유행처럼 번졌던 기억이 난다.

어릴 때 내 친구 중에는 커서 꼭 깡패가 되겠다고 종종 이야기하는 애들이 있었다. 앞서 언급했던 것처럼 내가 어린 시절을 보낸 우암동과 감만동은 깡패 동네로 소문날 정도로 건달 주먹패들이 많았던 곳이다. 그리고 내가 살던 동네 어른들은 대부분 근처에 자리 잡고 있는 합판공장이나 철물공장에서 육체노동을 하던 가난한 노동자들이었다.

그들의 아들딸인 내 친구들 대부분은 상급학교 진학을 꿈도 꿀 수 없었다. 집안형편에 맞춰 적당히 학교를 다니다가 돈을 벌기 위해 공장으로 가거나 배를 타러 가는 것이 거의 정해진 코스였다. 그런 친구들에게 수많은 부하를 거느리고 돈 걱정 없이 사는 깡패는 자연스럽게 동경의 대상이 되었다. 그래서 벌써부터 어깨를 거들먹거리면서 공연히 싸움판을 벌이고 다니는 아이들도 적지 않았다. 나는 그런 친구들을 보면서 어른들은 깡패가 나쁘다는데 도대체 누구 말이 맞을까 하고 한참 의문을 품었던 기억이 난다.

*

그렇게 거칠고 가난한 동네에서 자식들을 키우느라 그랬는지 아버지는 자식들을 무척 엄격하게 대하셨다. 그리고 워낙 부지런하신 분이어서 출근하지 않는 일요일에도 편안하게 쉬는 모습을 본 기억이 별로 없다. 당시 우리가 살던 회사 사택 주변이 온통 논밭이었고 방치된 땅이 많았는데 아버지는 틈만 나면 궁리를 해서 노는 터를 활용하셨다. 사택 주변에 방치된 똥구덩이를 메워 그 자리에 터를 다져서 집을 지은 것이 대표적인 사례다. 그때마다 나는 벽돌을 나르고 인부들의 잔심부름을 맡아야 했다.

똥구덩이를 메워 집 짓는 일을 끝낸 뒤에는 넓은 마당을 가만두지 않았다. 마당을 파서 연못을 만들었던 것이다. 거기에 미꾸라지를 키워 팔려 했는데 여의치 않게 되자, 연못 주변으로 토끼장을 만들어 토끼를 키워 파시기도 했다. 그 덕분에 나는 학교를 마치고 산길을 넘어 집으로 돌아올 때마다 토끼풀을 뜯어야 했다.

당시 여동생 경인이가 자주 아파서 식구들 애를 태웠다. 그런데 나는 토끼풀을 뜯으러 다니면서 늘 개구리를 잡아서 구워주었다. 그 바람에 경인이의 건강이 좋아져 어른들에게 칭찬을 들었던 기억이 난다.

주변에 토끼장을 만들었던 연못은 나중에 다시 메워졌다. 그리고 아버지는 그 위에 집을 지어서 세를 놓았다. 그리고 이렇게 아버지가 부지런함과 끈기로 끊임없이 부수입원을 만들어가신 덕분에 집안에 조금씩 돈을 모이기 시작했고 가난한 산동네에서도 나와 내 형제들이 대학까지 갈 수 있는 기반이 되었다.

하지만 자라면서 나는 아버지가 늘 집안에서 일거리를 만드는 바람에 친구들과 마음껏 놀러 다니지 못하는 것이 조금 불만스러웠다. 그래서 아버지가 더 이상 일을 벌이지 못하시게 차라리 공휴일이 없으면 좋겠다고 생각했던 적도 있다.

장남에 장손이었기 때문인지 어릴 때부터 아버지는 나에게 특히 엄격하셨다. 당시엔 집집마다 수도가 없었기 때문에 물지게를 지고 물을 뜨러 다녔는데, 그 일은 언제나 내 몫이었다. 물지게를 지고 힘들게 계단을 오르면서 물 기르는 일은 6학년이 되던 해, 집 안에 우물을 팔 때까지 계속되었다.

지금에 와서 보니 아버지가 그 일을 내게 맡기신 것이 일종의 교육이 아니었나 하는 생각이 든다. 어린 아들이 어깨에 물지게를 지고 힘들어하는 모습이 어찌 안쓰럽지 않았을까. 하지만 그렇게 해서라도 책임감과 끈기를 길러줘야 후일 닥쳐올 인생의 힘든 고비를 넘길 힘이 생긴다고 생각하며 꾹 참았을 아버지를 생각하면 어느새 눈시울이 뜨거워진다.

쉼 없는 성실함과 끈기로 가장으로서의 책임을 철저히 지켜냈던 아버지를 보고 자란 탓인지 나는 어른이 되어서 사람들로부터 '기본이 성실하고 끈기 있는 사람', '무슨 일이든 맡으면 책임감 있게 해내어 신뢰할 수 있는 사람'이라는 평을 들을 때가 많았다. 나는 스스로에게도 성실하고 책임감 있는 사람이 되길 원했다. 그래서 여러 단체와 모임 활동을 하고, 선거에 출마하면서 매우 바쁜 일정들을 소화해야 하는 긴박한 상황 속에서도 대학 교수로서 학교수업이나 연구 활동을 게을리해본 적이 없었다. 내가 어떤 소신을 가지고 외부활동이나 정치를 하더라도, 학생들에게 교수로서 한 약속은 약속대로 꼭 지켜야 한다고 생각했기 때문이다.

*

아버지가 자식들에게 무섭고 엄격하게 대한 것에 반해 어머니는 부드럽고 따뜻하게 우리를 감싸주었다. 어머니는 봉화에서는 소문났던 똑똑하고 예쁜 처녀였다. 그러나 집안이 너무 가난해 소학교밖에 나오지 못했던 것이 늘 한스러웠던 분이었다.

그래서인지 어머니는 자식교육을 무척 중요하게 여기셨고, 자식들을 아주 헌신적으로 키우셨다. 내가 초등학교 다닐 때까지만 해도 중학교 입시가 있었다. 그래서 명문학교를 가기 위해서는 초등학교 때부터 치열한 입시전쟁을 치러야 했다. 초등학교 6학년 입시 막바지에는 학교 선생님께 과외공부를 받으며 입시준비를 했는데, 새벽 두 시가 넘어서야 과외를 마치고 집에 돌아올 수 있었다. 그러면 잠시 눈을 붙였다가 다시 일곱 시까지 학교에 가야 하는 날이 반복되었는데, 그런 아들에게 어떻게든 따뜻한 밥을 먹이기 위해 어머니는 매일 학교까지 도시락을 싸다 나르셨다. 그런 모습이 부럽기도 하고 강한 인상으로 남았었는지 훗날 초등학교 동창 중에는 그 당시 내 어머니에 대해 이야기하는 친구들이 많았다.

그렇지만 어머니는 자식을 통해 대리 만족하고 마는 분이 아니었다. 비록 학력은 소학교 졸업에 그쳤지만 나이가 들어서까지 배움을 게을리하지 않으셨다. 나중에 병이 깊어 더 이상 움직이기 어렵게 되기 전까지도 꾸준히 책을 읽고 틈만 나면 글을 쓰셨다. 취미로 서예를 하면서 동인들과 작품전을 열기도 했고 나는 그런 어머니가 마음속으로 늘 자랑스러웠다.

결혼 초에 아버지가 입대를 하는 바람에 많은 시간을 남편과 떨어져 시집살이를 해야 했던 어머니는 그 당시의 절절한

부산의 대표적인 산동네 중의 하나인
문현동 돌산마을 전경

마음을 담아 편지를 쓰는 일로 부부간의 사랑을 확인하시곤 했다. 그 편지들을 어머니는 고이 보관하여 간직하셨고, 어머니가 돌아가시고 그 이듬해에 우리 형제들은 그 편지들과 어머니가 남긴 글을 엮어서 유고집 한 권을 냈다.

『남기고 간 사랑』이라는 이름의 이 유고집은 당신의 글을 모아 책을 내는 것이 평생의 소원이었던 어머니의 바람을 이뤄드리고 싶었던, 우리 형제들의 마음이 담긴 것이었다. 어머니의 유고집을 볼 때마다 무얼 하고 사느라 생전에 만들어드리지 못했을까 하는 생각에 죄송스러운 마음이 많이 든다.

아이들에겐 닮고 싶은 어른이 필요하다

보통 여덟 살이 되면 초등학교에 입학하라는 취학통지서가 나온다. 그런데 나는 빨리 학교에 가고 싶은 마음에 떼를 써서 일곱 살 때 초등학교에 입학했다. 동네에서 어릴 때 같이 놀던 친구들이 대부분 한 살 많았다. 그 친구들이 모두 학교를 가게 되면 혼자 심심할 것이 걱정되어서 나는 부모님을 무척 졸랐다. 나의 성화를 못 이기신 아버지는 동사무소로 가서 출생연도를 한 해 앞으로 고치고 취학통지서가 나오게 했다. 요즘은 있을 수 없는 일이지만 그때만 해도 마음을 먹으면 가능한 일이었다.

1학년에 입학하면서부터 나는 줄곧 반장을 맡았다. 3학년부터 선거로 반장을 뽑았지만 큰 무리 없이 당선되었고 6학년 때는 전교회장까지 하게 되었다.

초등학교 2학년 때까지만 해도 학교에서 나는 소극적이고 내성적인 아이로 통했다. 친구들과 뛰어놀기보다는 혼자 조용히 앉아서 그림을 그리는 것을 좋아했다. 그 덕분에 부산시에서 개최하는 사생대회에서 상을 타기도 했다.

그런데 초등학교 3학년 때 우연히 벌어진 일로 인해 성격이 많이 변하게 됐다. 그날 나는 심한 감기에 걸려 전교생이 모이는 운동장 조례도 나가지 못하고 책상에 엎드려 있었다. 그런데 반에서 거칠고 장난이 심하기로 소문난 친구 하나가 운동장 조례에서 살짝 빠져나와서 내게 시비를 걸었다. 여자애들하고 친하고, 약해 빠진 겁쟁이라서 싸움이라고는 할 줄도 모를 것이라며 나를 자꾸 놀리는 것이었다.

그 친구의 말처럼 싸움은 한 번도 해보지 않았기 때문에 누군가와 싸운다는 일이 영 자신이 없었다. 더구나 반에서 제일 싸움을 잘 하는 것으로 알려진 친구가 싸움을 걸어오니 나는 속으로 빨리 운동장 조례가 끝나서 선생님과 반 친구들이 교실로 들어오기만 손꼽아 기다렸다. 그런데 그 친구가 집요하게 놀려대는 바람에 나도 모르게 분한 마음이 올라왔다. 더 이상 당하고 있을 수만은 없었다. 그래서 어금니를 꽉 깨물고 두 눈을 부릅뜨면서 달려들었다. 서로 주먹을 휘두르며 엉겨 붙어서 싸우는데 어디선가 피가 흘러내렸다. 서로 놀라서 붙잡고 있던 팔을 풀고 보니 친구의 코에서 피가 흘러내리고 있었다.

내 주먹에 맞았던 것은 아닌 것 같은데 중요한 건 어쨌든 그 친구의 코에서 피가 나온다는 사실이었다. 코피를 보고 놀란 친구는 급기야 울음을 터뜨렸고, 싸움은 의외로 싱거운 승리로 끝이 났다. 놀란 건 나도 마찬가지였다. 내가 누군가의 코피를 낼 수 있는 사람이라는 것은 꿈에도 생각하지 못한 일이었다.

이 싸움을 계기로 예전과 전혀 다른 아이로 다시 태어나게 됐다. 그전만 해도 달리기를 하면 넘어져서 무릎을 깨거나 꼴찌를 겨우 면하는 정도로 굼뜬 편이었는데, 그 일이 있고 난 다음부터 모든 게 달라졌다.

운동장에서 뛰어놀기 시작했고 달리기와 축구 등 모든 운동 종목에서 발군의 실력을 발휘하기 시작했다. 자연히 성격도 활달하고 씩씩해졌다. 그러는 사이 체력도 차츰 길러졌고, 무엇보다도 자신감이 넘쳤다. 그 결과 방과 후 공터에서 사내애들끼리 패를 나눠 일대일로 맞장을 뜨고 주먹의 서열을 정하는 데에 끼일 만큼 대담해졌고, 초등학교 5학년 때는 주먹 서열이 전교 6등까지 올라가기도 했다.

그렇게 사내애들끼리 어울려 힘겨루기를 하는 재미에 계속 빠져들어갈 무렵에 또 한 번의 변화가 찾아왔다. 어머니가 나를 생각하며 무리해서 사들여놓으신 위인전집이 계기가 되었다. 어느 날 방과 후에 집에 돌아가 보니 내 앉은뱅이책상 옆에 세계위인전집 50권이 놓여 있었다. 그렇게 많은 책들이 한꺼번에 내 것이 되었다고 생각하니 천하를 다 가진 기분이 들고, 그 책에 담긴 내용이 무엇인지 궁금해서 견딜 수가 없었다.

"니도 이 책에 있는 사람들처럼 훌륭한 사람이 돼야 된대이. 우리 석준이는 꼭 훌륭한 사람이 될 끼다. 나는 니를 믿는다."

어머니의 당부에 씩씩하게 대답을 하고 나서 나는 그 책들이 전해주는 세계 속에 깊이 빠져들었다. 에디슨 같은 과학자의 전기를 읽으면 그날부터 나도 세상을 깜짝 놀라게 만들 위대한 과학자가 되어야겠다고 생각했다. 그런데 내가 커서 어른이 되기도 전에 다른 사람이 다 발명해버리면 어쩌나 하는 걱정이 되기도 했다.

어머니가 사주신 위인전집에는 링컨, 알렉산더, 징기스칸같이 잘 알려진 인물 이외에도 많은 인물들의 생애가 담겨 있었다. 특히 터키의 독립을 주도한 케말 파샤, 인도인의 정신적인 지도자 간디의 생애는 많은 생각거리와 깊은 감동을 안겨주었다. 자기 나라와 민족의 독립과 발전을 위해 인생을 걸었던 위대한 지도자들의 파란만장한 삶을 보면서 나도 모르게 이런 사람들을 닮은 삶을 살고 싶다는 소망을 간직하게 되었다.

*

초등학교 5학년 때는 여러모로 내 인생에서 중요한 전환점이 된 시기였던 것 같다. 잊을 수 없는 스승인 김광덕 선생님을 만난 것도 초등학교 5학년 때였다. 선생님은 실력이 뛰어나지만 엄청 무서운 선생님으로 이미 전교에 소문이 나 있는 분이었다. 그래서 그분만 담임이 안 되길 바랐던 아이들이 많았는데 무섭기로 악명 높은 바로 그 선생님이 우리 담임이 된 것이다.

선생님을 생각하면 제일 먼저 떠오르는 것이 엄청 두들겨 맞았다는 것이다. 반 아이들이 떠들면 반장이 통솔을 잘못한 탓이라며 대표로 맞고, 누가 말썽을 부리면 그것도 내가 반장 노릇을 제대로 못해서 그렇다며 맞고, 그렇게 우리 반에서도 특히 내가 제일 많이 맞았는데도 날이 갈수록 나는 선생님에게 정이 들었다.

그 이유는 비록 호랑이처럼 무섭게 구셨지만 우리에게 얼마나 많은 애정을 가진 분인지 느낄 수 있었기 때문이다. 그리고 매를 들 때마다 분명한 이유와 원칙이 있었다. '절대로 거짓말하지 마라', '잘못한 일이 있으면 변명하지 말고 솔직히 시인하고 사과하라', '약하거나 공부 못하는 아이들을 놀리거나 괴롭히지 마라' 등을 주문하셨고 이런 것을 지키지 못할 경우 누구든지 혼이 났다.

우리가 원칙에서 벗어난 행동만 하지 않는다면 선생님은 더할 수 없이 자상한 분이었다. 가난한 아이들을 위해서는 육성회비를 대신 내준다든지 학용품을 사주는 따뜻한 모습을 보이셨고, 사비를 털어 악기를 사서 아이들에게 나누어주고 가난한 변두리 동네 학교에서 합주단을 만들어내는 쉽지 않은 일도 해내셨다.

그러나 워낙 강직하고 불의를 보고 참아 넘기지 못하는 성격 때문에 선생님은 교장이나 교감 선생님과 마찰이 잦았다. 그 때문에 내가 6학년이 될 때는 다른 학교로 전출을 당하시는 일까지 벌어졌다.

중학교에 진학하고도 나는 선생님을 자주 만났다. 그때마다 선생님은 뭔가 획기적인 것을 발명한다며 연구에 몰두하고 있었다. 사인펜처럼 물에 번지지 않는 펜을 만들어냈다며 한참을 자랑하시던 선생님의 모습이 지금도 눈에 선하다. 요즘으로 치면 메모리펜과 비슷한 것을 발명했던 것 같은데 특허 신청을 한다고 하셨지만 상품화되지는 못한 것 같다. 한번은 친구들과 함께 선생님을 찾아갔는데 언젠가 우리나라도 이런 물건이 많이 필요한 세상이 올 거라며 요트 제작에 몰두하고 계셨다. 1970년대 초의 일이니 선생님은 확실히 시대를 앞서 가는 분이셨다.

그렇게 초등학교 5학년 때 처음 만나 중고등학교 때까지 이어졌던 김광덕 선생님과의 인연은 안타깝게도 선생님이 서른일곱 살에 병환으로 세상을 떠나시면서 그만 끝이 나고 말았다. 선생님이 돌아가신 날은 나의 열여섯 번째 생일이었다. 그래서 한참 세월이 지난 지금까지도 자꾸 그립고 보고 싶어지는지 모르겠다.

누구도
알 수 없는 인생

"감만동에 신동 났다 카더만 우째 그래 잘못됐노. 우리 아들은 부산중학교에 당당히 붙었다 아이가. 그래서 길고 짧은 건 대봐야 안다는 기다. 감만동 신동이 동아중학교가 뭐꼬."

내가 초등학교 3학년이 되던 해부터 아버지는 성창기업에서 세운 성지공업고등학교에서 서무주임으로 근무하시게 되었다. 아버지가 근무한 학교의 교사 중에는 나와 학년이 같은 자식을 둔 분이 계셨다. 그분의 아들도 공부를 꽤 잘하는 것으로 알려져 있어서 자식을 두고 아버지와 은근히 서로 경쟁하고 자랑하는 사이였던 모양이다.

그런데 내가 부산중학교에 떨어지는 상상도 못한 상황이 벌어졌던 것이다. 아버지는 안 그래도 부아가 치미는데 그런 놀림까지 당하게 되니 억장이 무너지는 듯 했다고 하셨다.

앞서 얘기했던 것처럼 우리 세대는 치열한 입시경쟁을 거쳐야 자신이 원하는 명문 중·고등학교에 입학할 수 있었다. 그래도 학교에서나 집에서나 당연히 부산중학교에 입학할 것으로 생각했는데 낙방이라는 결과가 나왔으니 부모님의 실망이 이만저만이 아니었다.

궁색한 변명이긴 하지만 초등학교 6학년으로 올라갈 무렵에 무척 따르고 좋아했던 김광덕 선생님이 갑자기 다른 학교로 전근을 가시게 된 것도 나름대로는 영향이 있었던 것 같다.

전 과목에 걸친 필기고사와 체육 실기로 이루어진 입학시험에서 커트라인이 2개 반이었는데, 나는 그만 3개를 틀려 불합격이 되고 말았다. 나보다 상대적으로 성적이 좋지 않았던 다른 반의 두 친구도 부산중학교에 합격했는데 낙방을 했으니 체면이 말이 아니었다. 그래서 석차로 전교 1등을 하고도 졸업식 때 주는 교육감상을 부산중학교에 합격한 친구에게 양보하고 나는 교육회장상을 받아야 했다.

부산중학교 입학시험에서 낙방한 것은 내 인생에서 맛본 첫 번째 좌절이었다. 하지만 시간이 지나면서 나는 금세 덤덤해졌다. 주어진 일에 최선을 다하지만 안 되는 일은 빨리 잊고 다시 좋은 방향으로 생각을 돌리는 다소 낙천적인 성향이 내 안에 있었기 때문일까. 부산중학교는 아니었지만 동아중학교도 2차로 지원할 수 있는 학교 중에서 가장 좋은 학교였고, 졸업생 중에 50명 이상은 해마다 부산고등학교에 진학을 하고 있었기에 그리 오래 낙담하지는 않았던 것 같다.

*

중학교 입학 후 첫 월례고사에서 나는 반에서 3등을 했다. 이 정도면 됐다 싶어서 부모님께 성적표를 보여 드렸더니 이것밖에 안 되느냐며 호통을 치셨다. 다음 달에는 성적이 더 떨어져 반에서 11등을 했다. 이젠 죽었구나 싶은 마음에 성적표를 보여주지 않고, 부모님 몰래 도장을 찍어서 학교에 제출했다가 나중에 들통이 나서 엄청 매를 맞았던 기억이 난다. 그러나 1학년 1학기 내내 나의 성적은 널뛰기를 반복했다. 다시 2등으로 올라갔다가 그 다음 달에는 다시 10등으로 떨어지는 식이었고 부모님께 호되게 야단을 맞았다.

이렇게 널을 뛰던 성적은 2학기부터 안정세에 들어섰다. 이때 한 반에서 서로 경쟁했던 친구들은 나중에 서울대학교에 진학해 다시 만났다. 학년 말에 1등을 한 창익이는 서울대 사회계열에 같이 입학해 정치학도가 되었다. 2등을 했던 승철이는 서울대 인문계열에 입학해 철학과를 나왔다. 나는 반에서 3등이었지만, 전교 10등 안에 들어 장학금도 받았기 때문에 썩 결과가 나쁜 편은 아니었다.

친구 창익이는 반에서 키가 가장 작았지만 IQ가 제일 높았다. 창익이의 형이 부산고등학교에 다니고 있었기 때문에 또래들에 비해 아는 게 많았다. 그래서 쉬는 시간마다 친구들이 창익이 주변에 몰려가 그가 들려주는 온갖 신기한 이야기들에 넋을 놓곤 했다.

창익이는 고등학교 2학년 때 나간 장학퀴즈에서 최초로 장원을 하기도 했다. 장원 시상식에서 당시로서는 상당히 큰 액수의 장학금을 받았는데, 그것을 어떻게 쓸 것이냐는 앵커의 질문에 의외의 답변을 해 화제가 되기도 했다.

그때 창익이는 세상에서 가장 불쌍한 사람을 위해 쓸 것이라고 답했고, 그러면 세상에서 가장 불쌍한 그 사람이 누구냐고 묻자 눈 하나 깜짝 하지 않고 '바로 저입니다'라고 대답해 당시 명성을 날리던 차인태 앵커를 당황하게 만들기도 했다.

대학에 들어간 후 이런 창익이의 재기발랄함은 더욱 빛을 발했다. 긴급조치 9호 아래 싸늘하게 얼어붙은 대학가에서 그는 대학신문 기자로 활동하면서 감시와 통제를 아슬아슬하게 비껴가는 명문장으로 진가를 발휘했다. 졸업 후에는 당시 가장 받기 어려웠던 선경고등교육재단의 장학금을 받고 미국으로 유학을 갔는데, 그만 건강이 나빠져 학위과정을 마치지 못하고 귀국했다는 소문을 들었지만, 지금은 어떻게 지내는지 알 길이 없다.

승철이는 밀양 출신의 촌놈 기질이 강한 친구였다. 자신이 이씨 왕조에 맞서서 반란을 일으켰던 이괄의 후손이라는 사실에 대단한 자부심을 보였고 우직하게 열심히 공부하는 스타일이었다. 그래서 중학교 졸업 때는 쟁쟁한 경쟁자들을 물리치고 수석을 했다.

서울대학교 철학과를 졸업하고 대학원에 진학하길 희망했지만, 적극적으로 학생운동을 한 전력 때문에 안기부의 방해를 받아 결국 뜻을 이루지 못했다. 그리고 곧바로 경향신문 기자가 되었는데, 80년대 말에 현장취재차 내려왔다는 그를 현대중공업 파업현장에서 잠깐 만났던 기억이 난다.

*

참 재미있는 것이 대학시절 기자로 필명을 날리던 창익이는 언론계로 나가지 않고 대학원을 진학해 유학을 갔고, 반면에 대학원에 진학해 그의 우직한 성격대로 평생 학문을 파고들려 했던 승철이는 뜻하지 않았던 장벽을 만나 기자가 되어 취재현장을 좇아다니는 인생을 살게 되었다는 사실이다. 그런 두 친구를 생각하면 인생이란 누구도 알 수 없는 것이라는 생각이 새삼 든다. 사실 학창시절을 함께했던 다른 친구들이 볼 때 내가 사범대 교수가 되어 미래 선생들의 선생 노릇을 하며 살아가는 모습도 그렇게 비춰질지 모르겠다.

그러고 보니 그 친구들과 함께 공부했던 중학교 1학년 때 담임이셨던 곽기곤 선생님도 생각이 난다. 몸이 너무 말라서 '멸치'라는 별명으로 불렸던 곽 선생님은 겨울에도 여름 양복을 입고 다닐 정도로 청빈한 분이었다. 형편이 어려운 아이들이나 공부를 잘 못하는 아이들을 한결같이 자상하고 따뜻하게 배려하시던 모습 속에서 우리는 선생님으로부터 무언의 중요한 가르침을 받았던 것 같다.

곽 선생님은 내가 대학을 졸업할 무렵 공립학교로 특채되어 전근을 가셨다. 그리고 선생님을 다시 만난 것은 1990년대 중반 무렵이었다. 사범대 교수들은 중·고등학교로 교생실습을 나간 4학년 학생들을 지도하기 위해 일선 학교를 찾아가곤 한다. 그때 들른 어느 공립여자고등학교에서 나는 정년을 눈앞에 둔 곽 선생님을 다시 뵙게 되었다.

그런데 그 학교에는 내 제자가 이미 교사로 근무하고 있었고, 그 제자에게 현장 실습을 받으러 4학년 제자들이 나와 있었다. 당시 그 자리에 있었던 4학년 실습생들은 곽기곤 선생님의 제자의, 제자의, 제자가 되는 셈이니 교사 4대가 한자리에 모인 셈이다. 당시 곽 선생님은 정년을 앞둔 나이에도 내가 철부지 까까머리 중학생이었던 20여 년 전 모습을 그대로 간직한 채 교단을 지키고 계셨다.

못 가본 길이 아쉽다

부산고, 서울대를 졸업하고 대학교수 노릇을 하고 있다면 공부밖에 모를 것으로 오해하는 사람들이 있다. 그러나 나는 공부 못지않게 운동을 좋아하고 그림에도 꽤 소질을 갖고 있다. 특히 그림 그리는 것은 학창시절 내내 아주 좋아하는 일이었는데 공부 때문에 중도에 손을 놓게 되어 늘 아쉬움이 많았다.

그런 아쉬움을 달래고자 몇 년 전부터 그림 공부를 다시 시작했다. 그림을 그리다 보면 평소에 깊은 고민 없이 보던 사물들을 더 자세히, 더 의미 있게 관찰하고 있는 자신을 발견하게 된다. 또 그림에 몰입하면 세상을 살아가면서 늘 따라다니게 마련인 이런저런 고민을 한순간에 잊고 오직 그림 자체에만 몰두하게 되는 무아지경의 경험을 하게 된다. 그 순간에는 모든 시간이 정지되고 오직 그림 그 자체의 세계에만 빠지게 되는데, 수도자들의 명상과 크게 다르지 않을지도 모른다는 생각이 든다.

세계적인 교육학자이자 심리학자인 미하이 칙센트미하이(Mihaly Csikszentmihalyi) 박사는 그의 저서 『몰입의 즐거움』을 통해 창조적인 사람의 세 가지 요건으로 전문지식과 창의적 사고, 몰입을 제시했다. 또한 현재 하고 있는 일에 몰입하는 순간 삶이 변화되고, 일과 인간관계에서 삶의 질을 높일 수 있다고 이야기한다. 특히 그림이나 음악과 같은 예술 활동은 우리가 평소에 많이 사용하고 몰입하면서 한쪽으로 치우치기 쉬운 측면들의 균형을 잡아준다는 의미에서 생활 속에서 자주 체험할수록 좋을 것 같다는 생각도 든다.

이런 이야기를 하면 그림이나 음악에는 애당초 취미도 소질도 없다며 손사래부터 치는 사람도 있는데 그런 면에서 보면 나는 축복받은 사람이다. 어릴 적부터 그림 그리기를 참 좋아했기 때문이다. 중학교 때 미술 선생님은 조금만 더 열심히 해서 미술특기자로 부산고에 입학하라고 권하시기도 했다.

당시는 평준화 시절이 아니었고, 입시 경쟁이 치열해 명문인 부산고등학교에 입학하는 것이 결코 쉬운 일은 아니었다. 그래서 미술 특기생으로 부산고에 가는 것도 나쁘지 않은 방법이었는데, 학교 성적이 우수한 편이었기 때문에 담임선생님은 공부로 진학하는 것이 좋겠다고 하셔서 그림공부를 계속할 수 없었다.

얼마 전에 나는 파스텔작가협회로부터 회원자격을 주는 서신 한 통을 받았다. 파스텔 화가로 등단하기 위해서 전국 단위의 공모전에서 세 번 이상 특선을 해야 하는데, 최근 몇 년 동안 나는 평소에 그린 그림을 짬짬이 공모전에 내보냈고, 운 좋게도 연이어 특선을 하는 바람에 늦깎이 화가로 등단하는 기쁨을 맛보게 된 것이다.

내가 그린 파스텔화 그림을 보고 그림 실력이 대단하다고 덕담을 해주는 사람들이 많은데 사실 내 그림은 아직 걸음마 단계의 부끄러운 수준에 불과하다.

*

나의 학창시절을 돌아보면 운동에 열중할 수 있는 다양한 기회가 주어졌던 것 같다. 초등학교 5학년 때는 잠시 학교 핸드볼 팀의 주전으로 뛰기도 했고, 중학교 때는 탁구로 학교에서 제법 주름을 잡았고, 고등학교 때는 학년대항 체육대회에서 학년대표 축구선수 및 야구선수로 활약하기도 했다.

이런 이력을 늘어놓고 보니 마치 나는 만능 스포츠맨이었다고 자랑을 하는 것 같지만, 사실은 그렇지가 않다. 그냥 운동을 좋아하니까 학교생활의 일부로서 자연스럽게 시간만 나면 친구들과 모여서 축구하고 야구하고 또 간간히 탁구도 치러 가곤 했던 것이다. 내가 학교 다닐 때만 해도 운동은 학교생활의 일부였고 학교생활을 즐겁게 하는 중요한 요소였다. 그에 비해 요즘 청소년들에겐 친구들끼리 모여 함께 땀 흘리며 다양한 스포츠를 즐길 기회가 너무 없는 것 같다.

학교 마치면 학원 가기 바쁘고, 같이 모여 운동을 하고 싶어도 각자 짜여 있는 스케줄대로 움직이다 보니 그렇다. 틈이 난다고 해도 혼자 할 수 있는 컴퓨터 게임과 같은 개인 놀이밖에 할 수 없는 현실이 참 안타까울 때가 많다. 축구나 야구처럼 함께 하는 스포츠나 술래잡기 같은 공동의 놀이는 자라는 아이들에게는 체력적인 면에서나 정서적인 면에서 많은 도움이 된다. 그런데 갈수록 이렇게 장점이 많은 집단 체육활동이 줄어들고 있는 것을 보면서 이런 환경밖에 만들지 못한 어른들에게도 책임이 있다는 생각이 들 때가 많다.

10대의 꿈을 펼치던 '설우회'와 '청두' 모임

부산고등학교에 입학하면서 나는 서울대 입학을 목표로 열심히 공부했다. 그래도 조금 철이 들었다고, 아들을 판검사 만드는 게 소원인 아버지의 기대에 부응하고 싶은 마음도 컸다. 그래서 서울대 법대로 목표를 잡고 1학년 한 해 동안은 정말 열심히 공부를 했다.

매일 도시락을 두 개씩 싸 다니면서 방과 후에도 교실에 남아 마지막 차가 오는 시간까지 공부를 했다. 그때 어두침침한 교실 조명 아래서 너무 장시간 책을 봐서 그런지 결국 안경을 쓸 수밖에 없었다. 같은 반에 전교 1, 2등을 도맡아했던 친구도 있어서 많은 자극이 되었다.

고등학교 1학년 때 담임인 배신환 선생님은 서울대 영문과를 나온 멋진 분이셨다. 수업 시간 중에 멋진 시를 읊어주기도

하고 좋은 영화를 추천해 주기도 했다. 당시 부산고등학교에서는 주초고사라고 해서 월요일마다 국어, 영어, 수학 세 과목의 시험을 쳤다. 그래서 아이들은 한가로운 주말을 꿈도 꾸지 못하는 상황이었다.

그러던 어느 토요일에 단체 영화 관람을 가게 되었는데, 월요일에 닥칠 시험이 부담스러웠던 대부분 아이들이 영화 보러 가기를 주저했다. 그때 담임선생님은 "예쁜 여자 주인공의 주소를 알고 있는데 영화를 보고 온 사람에게만 알려주고 펜팔할 수 있는 기회를 주겠다"는 말로 우리를 영화관으로 이끄셨다. 선생님의 말을 철석 같이 믿었던 반 아이들은 시험이고 뭐고 다 팽개치고 극장으로 달려갔다.

이렇게 해서 본 영화가 헤밍웨이 원작의 〈누구를 위하여 종은 울리나〉였다. 그 영화의 주인공이 게리 쿠퍼와 잉그리드 버그만이라는 것을 알 만한 사람은 다 알 것이다. 그러나 그 영화가 스페인 내전을 다룬 세계적인 명작이라는 사실은 한참 뒤에 알게 되었다. 당시 우리 눈에는 오직 잉그리드 버그만의 아름다운 얼굴만 어른거릴 뿐이었다.

월요일이 되자 아이들은 담임선생님에게 빨리 주인공인 잉그리드 버그만의 주소를 가르쳐 달라고 성화를 부렸다. 그러자 선생님이 빙긋이 웃으며 말했다.

"내가 주소는 갖고 있는데 한 가지 미리 알려줄 사실이 있다. 너희가 본 그 영화는 그 배우가 20대 초반에 찍은 것이고, 지금 그 배우는 오십 살이 넘었는데 그래도 주소가 필요한 사람 있냐?"

담임선생님이 이렇게 멋진 분이었기 때문에 잘 따르는 반 아이들이 많았다. 선생님의 교과목인 영어 공부도 열심히 했던 것 같다. 선생님은 남의 나라 말은 우선 단어를 많이 알아야 된다면서 우리 반 아이들에게만 별도로 매주 단어와 숙어를 200개씩 외우는 숙제를 내주셨고, 덕분에 반 아이들의 영단어 실력이 크게 늘었던 기억이 난다.

*

고등학교 때 나는 우암초등학교 졸업생 중에 부산고, 동래고, 경남여고, 동래여고 등 소위 부산에서 명문으로 알려진 학교에 다니는 학생들과 함께 하는 '설우회'라는 독서토론 모임에 가입하게 됐다. 나는 우암초등학교 졸업생은 아니었지만 감만동에 살고 있었기 때문에 설우회에 나가고 있던 친구들의 추천으로 회원이 될 수 있었다.

이 모임에서는 매주 정해진 책을 한 권씩 읽고 와서 한 사람이 간략하게 발제를 하고 나면 각자의 생각을 이야기하며 열띤 토론을 벌였다. 어떤 학생은 책을 읽지 않고 나타났고 또 어떤 학생은 저자의 다른 작품들까지 읽고 와서 인용을 했다. 꽤 깊이 있게 철학 공부까지 하고 온 친구도 있었기 때문에 별다른 준비 없이 그 자리에 참석해 귀동냥만 해도 교양이 쌓이는 꽤 수준 있는 모임이었던 것으로 기억이 난다.

'설우회'에 참여하면서 나는 남들 앞에서 자기의 생각을 조리 있게 표현할 수 있는 능력을 키울 수 있었다. 모임 때마다 3분 스피치 시간이 있어서 회원들은 무조건 다른 회원들이 지켜보는 가운데 3분간 자기주장을 펼쳐야 했기 때문이다.

어떻게 보면 겨우 고등학생밖에 되지 않는 아이들끼리 얼치기 주장이나 늘어놓고 잔뜩 겉멋이나 부리는 하찮은 모임일지 모르지만, 청소년기에 필요한 지적인 상상력을 자극하기에 충분했고 내 인생에서 아주 소중한 자산이 된 것만은 틀림없다.

20기까지 이어져 온 '설우회'는 80년대 중반 무렵 '설우회' 출신의 한 선배가 시국 사건에 연루되어 구속되면서 더 이상 신입회원을 확보하지 못하여 서서히 없어지고 말았다. 그렇지만 당시 '설우회' 출신들이 부산을 비롯한 전국 각지의 다양한 분야에서 활발하게 활동하고 있다는 소식을 들을 때마다 남모를 자부심을 느끼게 된다.

당시에 나는 '우리 사회를 이끌어 가는 푸른 머리'라는 뜻을

부산 동구 범일동 산동네에서 학생들과 함께
연탄 배달 자원봉사를 하는 모습

지닌 '청두'라는 모임에서도 활동했다. 주로 책을 읽고 토론하는 것은 '설우회'랑 비슷했지만 약간의 차이가 있다면 우리끼리 주고받은 이야기들을 직접 실천하기도 했다는 것이다. 유인물까지 만들어 거리에서 나누어주면서 '우리말 쓰기 캠페인'을 벌였던 기억이 아직도 생생하다.

소위 부산의 명문고를 다니면서 입시공부에 찌든 현실 속에서도 고교시절을 뜻 깊게 보내려 했던 의욕 많은 아이들의 모임인 '설우회'와 '청두'에 참여하면서, 나는 나만의 생각과 꿈을 키워갔다. 어릴 때 위인전을 읽으면서 마음속으로 막연하게 꿈꾸었던 나의 미래를 좀 더 구체적으로 그려보았다. 26번 버스를 타고 학교를 오가면서 차창 밖으로 펼쳐지는 산비탈 판잣집들을 바라보며 어떻게 하면 우리나라가 더 잘 살 수 있을까 하는 생각을 하면서, 그런 일을 해내는 훌륭한 지도자가 되고 싶다는 막연한 생각을 갖기도 했다.

부산고등학교
2학년 3반의 전설

고등학교 1학년 수업 중에 7·4 남북공동성명이 발표되었다는 소식을 들었다. 전쟁과 분단의 상처 때문에 같은 민족끼리 서로를 철천지원수처럼 여겼던 남북한이 자주, 평화, 민족대단결을 통일의 3대 원칙으로 지키자고 합의했다는 것은 무척 획기적인 일이었다. 당시 미국과 중국 간의 국교 정상화로 대표되는 국제적인 화해분위기도 한몫을 했다.

그러나 이런 화해 무드는 곧 빛을 잃었다. 김대중 납치사건을 계기로 조절위원회마저 중단되었다. 그해 가을에 유신헌법이 만들어졌다. 그러나 헌법을 새로 외우고 사회과목 입시공부를 완전히 새로 해야 한다는 것이 좀 귀찮을 뿐 일상에서 크게 달라진 것은 없었다.

우리 역사에서 중요한 한 페이지가 될 격랑은 우리 앞에 바짝 다가와 있었다. 그것은 이 땅의 청춘들에게 암울한 그림자를 드리우고 있었지만 이런 사실을 제대로 알고 있는 사람은 별로 없었다.

신문이나 방송에서는 계속해서 박정희를 위대한 지도자라고 칭송했고, 야당은 사사건건 발목만 잡고 늘어지는 걸림돌 같은 존재로 보도되었으며 그걸 그대로 믿는 사람들이 대부분이었다. 박정희와 같은 강력한 지도자가 있기에 국민들이 이만큼 살 수 있다고 생각하는 사람들이 대부분이었고, 나라고 크게 다를 것이 없었다. 고등학교 3학년이었던 1974년에 육영수 여사 저격 사건이 벌어졌을 때 대다수의 국민이 그랬던 것처럼 나도 충격을 받고 한참 동안 비탄에 잠겼다.

고등학교 2학년 때 학교 전체가 들썩거릴 만큼 큰 사건이 하나 있었지만, 이것이 장기 집권을 꾀하던 군사정권의 속성과 연관이 있다는 걸 알게 된 것은 한참 지난 후에 일이었다. 내가 고등학교 1학년이 되던 해부터 교련이 교과과정에 도입되었는데 당시엔 군인 신분인 훈육관이 교련수업을 맡았다. 그때 우리 학교 교련 담당 훈육관이 어찌나 지독했던지 학생들 사이에 '불독'이라는 별명으로 불렸다. 내가 속해 있던 2학년 3반과 이 훈육관의 대결은 아주 사소한 일에서 시작되었다.

10월로 접어들면서 여름 동안 신었던 흰 운동화를 검은 운동화로 바꿔 신으라는 훈육관의 지시가 있었다. 그런데 한 친구가 집에다가 검은 운동화를 사 달라고 하기 어려운 형편이어서 흰 운동화에 검은 잉크를 칠해 신고 학교를 왔다. 그걸 본 훈육관이 거칠게 친구의 볼을 잡아당기고 뺨을 때리면서 수업이 시작될 때까지 기합을 주었다. 그리고는 신을 압수하고 맨발로 가라며 친구의 등을 떠밀었다.

실의와 모멸감에 빠진 채 맨발로 교실에 들어서는 친구의 모습을 본 우리 반 아이들이 모두 크게 흥분하기 시작했다. 이번 기회에 그 훈육관과 정면 승부를 벌여야 한다고 이심전심으로 작정했던 반 친구들은 즉시 단체행동에 들어갔다. 모두 맨발로 교련 수업에 들어가 목총 수령을 거부하고, 공식 사과와 불필요한 신발 단속을 하지 말 것을 요구했다. 훈육관은 크게 고함을 지르며 모두 징계하겠다고 윽박질렀다. 그러나 누구도 꿈쩍하지 않고 버티고서 있었다.

결국 교장 선생님까지 달려 나와서 아이들을 야단치며 훈육관의 역성을 들었지만, 아이들의 단체행동을 멈추기엔 역부족이었다. 결국 훈육관이 공식적으로 사과하고 친구의 신발을 돌려주는 것으로 사태는 수습이 됐고, 흰 운동화가 다 떨어지면 검은 운동화로 바꿔 신는 것으로 방침이 수정되었다.

아마도 평소 행동으로 보아 그 훈육관에게는 그날이 쉽게 잊혀지지 않는 하루였을 것이다. 그러나 우리 반 친구들에게는 서로 간의 의리와 뚝심으로 똘똘 뭉쳐 작지만 의미 있는 승리를 거둔 날로 기억되었다.

*

그 후 2학년 3반은 우리 학교에서 거의 전설적인 존재가 되었다. 이런 분위기라면 곧 다가올 학생회장 선거에서 우리 반 반장을 학생회장으로 만들 수 있을 것 같았다. 당시 우리 반 반장을 하던 친구는 커다란 덩치만큼이나 듬직하고 통솔력도 뛰어나 누가 보더라도 학생회장감으로 손색이 없었다.

반 친구들이 모두 그 친구를 학생회장으로 밀기로 하고 서류를 제출했는데 뜻하지 않은 난관이 기다리고 있었다. 학생회장 입후보자는 성적이 반에서 3분의 1 이내에 들어야 한다는 학칙 규정 때문에 서류가 반려되어버린 것이다. 그래서 대안으로 추천된 사람이 바로 나였다.

나를 후보로 추천하기 위해 반 아이들은 다시 서류를 만들어 제출했다. 그러나 며칠 뒤에 담임선생님이 우리가 제출한 서류를 도로 들고 와서 우리 반에서는 학생회장에 출마를 하지 않는 것이 좋겠다고 하셨다. 나중에 알고 보니, '교련수업 거부'라는 전력이 있는 우리 반에서 학생회장이 나오면 골치가 아플 것으로 생각했던 교장선생님이 압력을 행사했던 것이다.

벌써 해운대 백사장에서 유세 연습까지 하고 있던 나와 친구들은 심각한 고민에 빠졌다. 학교장의 부당한 간섭에 맞서서 싸워서라도 출마를 할 것인가, 아니면 그냥 물러설 것인가를 놓고 한참 고민을 하고 있는데 정정화라는 친구가 나에게 진심 어린 충고를 건냈다.

"지금 우겨서 후보로 나가면 분명히 당선은 될 기다. 그러나 니가 학생회장 되면 십중팔구는 서울대학교에 몬 간다. 여기서 학생회장 하는 게 니 인생의 목표는 아이재? 나중에 더 크게 되려면 자존심 상하고 쑥스러워도 한발 물러설 줄 알아야 된다. 한번 곰곰이 잘 생각해봐라."

중학교 동창으로 고등학교에 올라와 '청두'라는 모임을 만들어 함께 활동했던 절친한 친구의 충고였던 만큼 나는 신중하게 받아들이고 따를 수밖에 없었다.

서울대학교 합격통지를 받고

고등학교 2학년 때부터 입시제도가 바뀐 때문인지 나는 전만큼 열심히 공부를 하지 않았다. 서울대의 학생선발 방식이 학과가 아닌 계열별 모집으로 바뀌면서 입학 후 3학기가 지난 후에 학과 배정을 받을 수 있었다. 목표하던 서울대 법학과는 어지간히 공부를 해선 쉽게 걸릴 수 있는 곳이 아니었지만, 다른 과들과 함께 사회계열에 속하게 되면서 전보다는 들어가기가 훨씬 쉬어졌다. 그 바람에 점점 긴장이 풀리면서 나는 갈수록 느긋해졌다.

학창시절 내내 나는 운동을 무척 즐겼다. 특히 공을 가지고 하는 운동종목에서 남다른 실력을 발휘했다. 개교기념일 같은 때에 학년 대항 축구시합을 할 때면, 늘 학년 대표선수로 뽑히곤 했다. 축구뿐 아니라 야구 또한 베스트 나인에 뽑힐 정도였다. 주초고사를 치는 월요일 오후에는 친구들과 시험 스트레스를 풀기 위해 탁구장으로 달려가기도 했다.

그렇게 운동을 좋아하면서 친구들과 자주 어울려 놀다 보니 성적이 계속 떨어졌다. 그 바람에 대학입학 원서를 쓰기 전에는 사회계열이 아닌 다른 계열로 하향 지원하라는 선생님의 압박을 받기도 했다. 그러나 떨어지더라도 사회계열에 지원하기로 마음 먹었다.

"너희들 중에서 두 명은 반드시 낙방할 것이다. 그러니 다시 한 번 더 신중히 생각해서 판단해라. 지금도 늦지 않다."

입학 원서를 쓰던 날 담임선생님은 사회계열에 지원하려는 여덟 명을 모아놓고 으름장을 놓았다. 그러나 아무도 뜻을 바꾸지 않았다. 선생님은 하는 수 없이 원서에 도장을 찍어주었는데 신기하게도 선생님의 말처럼 여덟 명 중에서 두 명이 정말 낙방하고 말았다. 서울대학교 합격 발표가 난 후에 나는 그 중 한 사람이 내가 아니라는 사실이 잘 믿기지 않았다.

합격자 발표가 나던 날, 나는 하루 전에 발표가 나서 부산대에 합격한 친구들을 축하해주러 나갔다. 용돈이 필요해 아버지께 말씀드렸더니 "얼마나 필요하냐"고 물으시면서 서울대에 합격할 자신 있으면 만 원을 주고 자신이 없으면 천 원만 준다고 하셨다.

“그러면 천 원만 주이소.”

나는 도무지 합격할 자신이 없었다. 그때 당시 커피 한 잔이 80원이었으니 천 원만 있어도 친구들과 커피 한 잔 마시고, 탁구 한 판 정도는 칠 수 있었다.

그냥 편하게 떨어졌다고 생각하기로 하고 부산대에 합격한 친구들과 이리저리 헤매며 시간을 보내다가 밤늦게 집으로 돌아왔다. 집으로 들어서는데 분위기가 아주 썰렁했다.

역시나 떨어졌구나 싶었는데 조금 있다가 아버지가 방으로 들어오셨다.

“아까 너거 담임선생님한테서 전화가 왔는데, 떨어졌다 카더라. 내일 당장 이불보따리 싸가지고 재수하러 서울로 올라가라.”

올 것이 왔다는 생각이 들었다. 그러나 이미 각오했던 바여서 의외로 덤덤했다. 그래도 일말의 기대감이 없진 않았다. 이럴 줄 알았으면 좀 덜 놀고 더 열심히 공부를 하는 건데 하는 후회도 들었다.

그때 갑자기 안방에서 웃음소리가 들려왔다. 어머니와 동생들이 환히 웃으면서 와락 몰려나오는데 어안이 벙벙했다.

아버지가 장난치신 거였다. 합격이라는 어머니의 말을 믿을 수가 없었다. 마치 공중을 떠다니는 것처럼 기뻤지만 도무지

부산고 3학년 시절 졸업앨범에 들어갈 사진 촬영을 위해
친구들과 한데 어우러져 포즈를 취하고 있는 장면

믿기지 않아서 혹시 사무 착오였다는 통지가 오지는 않을까 한동안 불안했던 기억이 난다. 합격했으니 학교에 등록을 하라는 통지가 와도 실감이 잘 나지 않았다. 혜화동에 있던 문리대 사무처로 가서 등록을 하고, 합격증을 받고서야 나는 비로소 합격의 감격을 온전히 맛볼 수 있었다.

내가 모르고 살았던 세상

"여러분이 정말 의미 있는 대학 생활을 하고 싶다면, 정말 대학생답게 열심히 공부하고 싶다면 반드시 우리 사회과학연구회를 노크해주십시오."

신입생들 앞에서 열변을 토하던 선배들의 모습이 더없이 멋있었다. 제대로 공부를 하고 싶다면 반드시 학회에 들어와야 한다는 말에 나는 길게 고민할 필요조차 느끼지 않고 학회에 가입했다. 그렇게 나와 함께 사회과학연구회에 가입한 신입생이 약 50여 명이었다. 모두가 꿈에 그리던 대학에 입학을 하고, 정말 열심히 공부 한번 해보겠다는 각오로 모인 학생들이었다.

그러나 이 학회에서 하는 공부는 신입생인 우리들이 생각하는 것과는 많이 달랐다. 물론 선배들의 말처럼 학회가 공부를 열심히 하는 곳인 것은 사실이었다. 하지만 이곳에서 하는 공부는 학교 성적을 잘 받기 위한 공부와는 거리가 멀었다.

학회에 가입한 후에 나는 역사, 철학, 경제학 등 다양한 분야에서 새롭게 배운 것이 많았다. 그 과정에서 나는 내가 모르고 살았던 세상들을 접했다. 우리 사회를 올바로 인식하기 위해 읽었던 책들에서 나는 신선한 자극과 충격을 받았다.

그중에서도 가장 손꼽히는 것은 리영희 선생의 『전환시대의 논리』였다. 이 책을 읽어 내려가면서 느꼈던 표현하기 힘든 서늘한 전율이 지금도 생생하다.

현대사와 국제정치에 대한 인식에 전환을 가져다준 이 책은 당시 지식인과 대학생들의 필독서였다. 그렇게 많은 사람들에게 충격을 준만큼 권력자들에게는 위험한 것으로 느껴졌을 것이다. 그래서 출판된 이듬해에 곧 금서로 지정되는 수난을 겪기도 했지만 시대가 변하면서 1999년에는 서평전문지 『출판저널』에 의해 '20세기 한국 고전'으로 지정되기도 했다.

리영희 선생의 『전환시대의 논리』를 처음 읽었을 때 나는 책에 담긴 내용들이 도무지 믿기지가 않았다. 그래서 지은이가 간첩이 아닌가 하는 의구심이 들 정도였다. 그때만 해도 우리나라가 처한 현실에 대한 나의 인식이 우물 안 개구리를 벗어나지 못하고 있었기 때문이다.

나를 특히 뒤흔든 건 월남전 이야기였다. 월남전에 대한 상식은 이 한 권의 책으로 완전히 뒤집어졌다. 내가 알고 있던 것과 전혀 다른 사실을 알게 되었고 이를 받아들이는 과정에서 나 스스로를 남다른 사람이라고 자부했던 허상이 완전히 깨져 나갔다. 리영희 선생의 『전환시대의 논리』는 내가 학문을 접할 때 구체적인 현실에 기초한 분석과 연구를 할 수 있도록 이끌어준 길잡이기도 했다.

*

사회계열 전체로 이루어지는 1학년 수업은 나의 기대를 충족시키지 못했고, 나는 자연히 사회과학연구회에서 하는 공부에 더 쏠리고 있었다. 사회과학연구회의 본래 이름은 '한국사회연구회'였다. 약자로 '한사연'이라고 불리는 이 학회는 알고 보니 서울대에서도 가장 크고 오래된 이념 서클이었다.

학회활동을 하면서 갈수록 읽을거리와 만만치 않은 토론 과제가 주어졌고 거기에서 나는 새로운 지식들을 많이 얻을 수 있었다. 그래서 강의에도 잘 들어가지 않은 채 도서관에서 혼자 책을 읽는 데 몰두하는 일이 잦아졌다. 이처럼 대부분의 시간을 도서관에서 보냈기 때문에 내가 앉는 자리는 거의 지정석이 되다시피 했고, 2학년이 되어서 1학년 신입생들에게 읽어보라고 권장했던 책이 150여 권 정도가 될 정도로 많은 책을 읽었다.

대학 1학년 첫 학기 동안의 대학 생활은 여러 측면에서 엄청난 충격과 함께 내적 갈등을 일으켰다. 내가 몰랐던 세상에 눈을 뜨면서 지금까지 가져왔던 가치관이나 사고방식은 철저히 깨져나갔고, 오직 학교공부를 남보다 잘 한다는 이유 하나만으로 정해진 엘리트 코스를 밟아가며 안정되고 편안한 미래를 설계할 수 있는 자격을 가질 수 있는 것인가 하는 의문이 들었다. 나처럼 이렇게 유신독재라는 시대상황 속에서 편안히 학업을 계속한다는 것에 대해 일종의 자괴감 같은 것에 시달리는 친구들이 많았다.

대학에 입학하기 전까지만 해도 나는 한국 사회에서는 개발독재가 필요하다고 생각했다. 경제성장을 이루기 위해서는 한 사회가 일사분란하게 움직여야 하고 그러기 위해서는 강력한 대통령이 필요하다고 생각했던 것이다. 당시 한국은 온통 근대화의 물결에 사로잡혀 있었기 때문에 이런 생각을 하는 것도 무리는 아니었지만 한때 내가 그런 생각을 했다는 사실조차 부끄러웠다.

2학년 1학기까지의 계열과정이 끝나고 학과 배정을 하게 되자, 진로 결정문제가 고민스러웠다. 이제 법학 공부에는 별 흥미도 없었고, 대학에 입학할 당시에 정치학과로 가겠다고 생각했던 것도 한 학기가 지나면서 시들해져버렸다. 대신에 한국 경제에 대해 보다 체계적으로 공부하기 위해 경제학과에 지원하고 싶었지만 성적이 불안했다. 경제학과에 지원했다가 성적 미달로 떨어지면 내 의사와는 관계없이 전혀 엉뚱한 과로 배정될 가능성도 있어서 고민하고 있을 때 주위 친구들이 추천한 학과가 사회학과였다.

사회학이 어떤 학문인지 잘 모르고 들어갔지만 나는 학과 공부에 쉽게 익숙해져갔다. 당시 사회학과에는 학생운동 활동가 양성소 구실을 하던 학회나 대학신문, 학교 밖의 진보교회나 야학 등에 소속해 활동하는, 이른바 운동권 학생이 많았다. 그래서 아버지는 아들에게서 판검사가 되는 법대가 아니라 데모학과로 알려진 사회학과에 가게 되었다는 말을 듣고 무척 낙담하셨다. 그런 아버지를 보며 괴롭고 죄스러운 마음이 없지는 않았지만 어쩔 수 없는 일이었다. 사회학과를 선택하게 된 데는 내가 사회학을 전공으로 선택하면 시대적 요구와 사회적 책임을 외면하지 않는 실천적 지식인이 될 것 같다는 막연한 기대감도 한몫을 했다.

2장

격변의 시대, 지식인이 갈 길을 물으며

긴급조치 9호 시대의 대학생활

우리 현대사에서 그 어느 한 시기도 격동의 시대가 아닌 적이 없었겠지만, 내가 대학을 다니던 70년대는 그 가운데서도 단연 격변기로 꼽을 수 있는 시기였다. 군사정권이 종신집권을 꿈꾸며 파국을 향해 치닫던 그런 시기였기 때문이다.

내가 대학 신입생이었던 1975년 5월에 긴급조치 9호가 선포되었다. 긴급조치 9호는 유신헌법에 대해 반대하거나 개정을 주장하는 행위를 금지하고 이를 위반하는 사람에 대해서는 영장 없이 체포, 구금할 수 있고, 이런 조치를 비판하는 행위조차 처벌하도록 규정한 초법적 조치였다. 한마디로 박정희 정권을 반대하는 소리를 한마디도 낼 수 없도록 하기 위해 만들어진 '법 위의 법'이 바로 긴급조치 9호였다.

긴급조치 9호의 선포로 어느 곳보다 자유로워야 할 대학 캠퍼스는 '창살 없는 감옥'으로 변했다. 수백 명의 경찰들이 학생들의 눈을 속이기 위해 사복으로 위장하고 교내에서 상주하면서 학생들의 일거수일투족을 감시했다. 그래서 시위 같은 시위는 아예 생각지도 못하고 있었다.

2학년 가을 축제 때였다. 감나무 두 그루가 있어 '감나무골'이라 부르는 너른 잔디밭에서 '허생전'이라는 놀이판이 벌어졌다. 놀이판이 마무리될 무렵에 분위기가 술렁거리기 시작하더니 누군가 '유신철폐, 독재타도!'를 외쳤다. 이어서 이곳저곳에서 구호와 함성이 터져 나왔다. 나도 친구들과 어깨를 걸고 '정의가'와 '훌라송'을 부르고 구호를 외쳤다. 누군가 놀이판을 핑계 삼아 모여든 사람들 속에서 갑자기 술에 취한 척하며 구호를 외쳤고 그것은 자연스럽게 한밤의 시위로 이어졌다.

결국 전경들과 사복형사들에 의해 시위가 해산되었고 학생들 몇몇이 연행되어 갔다. 나는 3일 뒤에 하숙집에 찾아온 형사들에 의해 연행되었다. 시위 현장에서 보았던 사람을 대라는 경찰의 추궁에 누군가 나를 지목한 것이었다.

경찰에서 나도 다른 사람의 이름을 대라는 요구를 받았지만 아무도 지목하지 않는 바람에 마지막까지 풀려나지 못하고 말았다. 연행자 중 최후로 남은 사람은 8명이었다. 대부분이 3학년이나 4학년이었고, 2학년은 나 혼자뿐이었다. 우리는 경찰서 지하실 바닥에 감금되어 저마다의 고민과 공포에 시달렸다.

쇠로 만든 계단을 내려오는 경찰의 구둣발 소리가 들릴 때마다 가슴이 철렁 내려앉고 숨이 턱턱 막혀왔다. 이번엔 또 누굴 데려갈까. 취조를 담당하던 형사가 사건을 마무리하기 위해서는 2명 정도는 중앙정보부로 끌려가야 한다고 했는데 남은 8명 중 누가 끌려가게 될까. 그렇게 되면 결국 학교에서도 제적을 당하게 될 텐데 하는 걱정도 들었다. 감나무골 사건은 결국 과거 운동 전력이 있던 선배 두 명이 제적을 당하는 것으로 마무리되었다.

3학년 때 내가 사회과학연구회의 회장을 맡게 된 것은 이 일로 이미 신원이 노출되어 더 이상 비공개활동만 할 수 없게 되었기 때문이다. 나는 사회과학연구회의 회장이 되어 이전의 선배들이 그렇게 했듯이 신입생들에게 사회과학연구회를 소개하고 학회에 가입할 것을 권유하기 위해 신입생들을 찾아 나섰다. 또 부산지역에서 고등학교를 졸업한 신입생을 한데 모아 '부산학우회'를 만들면서 개학 초부터 4월 중순까지 한 달 반가량을 거의 매일 술을 마시며 후배들을 만났다.

그 바람에 건강 체질을 자랑하던 내가 심한 감기 증상으로 일주일 정도를 꼼짝도 못하고 누워 있기까지 했다. 내 모습이 심상치 않았는지 하숙집 아주머니가 나를 억지로 병원으로 데리고 갔다. 그런데 병원에서 나는 뜻밖에도 결핵에 걸렸다는 이야기를 듣게 됐다. 하숙집 아주머니가 당장 집으로 내려가 요양치료를 하라고 난리를 치시는 바람에 나는 그 길로 부산 집으로 내려가 결핵전문병원을 찾았다.

의사는 최소한 1년은 쉬어야 하니까 당장 병원에 입원부터 하라고 했다. 나는 휴학을 하게 되면 인생에서 퇴보하고 패배한다는 생각이 들었다. 또 학회의 공식 행사를 맡아야 할 내가 휴학을 하면 대신할 만한 사람도 별로 없었고 활동 전반에 문제가 생길 수도 있었다. 당장 코앞으로 다가온 농활 준비 문제도 걸렸다.

무리를 하더라도 자신에게 맡겨진 역할을 해내야 한다고 생각했다. 나는 의사를 졸라 한 달간은 입원 치료를 하고 그 후에는 서울에 가서 결핵약을 장기간 복용하기로 했다. 항생제를 넣은 링거 주사를 아침저녁으로 세 시간씩 맞으면서 강도 높은 결핵 치료에 들어갔다. 한 달간의 집중적인 항생제 투여로 남한테 옮기지 않을 정도로 활동성을 떨어뜨리고 나서는 바로 서울로 올라갔다.

그때부터 약 2년간 결핵약을 먹어야 했다. 한 주먹씩 되는 약을 2년 가까이 먹는 바람에 더 이상 타고난 건강을 자랑할 수 없게 되었고, 이때 잃어버린 건강은 30대 중반 넘어서 운동을 다시 시작하면서 겨우 되찾았다.

사회학과 심포지엄 사건

70년대의 대학가 축제는 지금과 사뭇 다른 풍경이었다. 요즘 대학가 축제의 하이라이트는 인기 대중가수 초청 공연인 경우가 많지만 당시만 해도 심포지엄이나 토론회 초청 강연회 등이 아주 중요한 행사로 자리 잡고 있었다.

내가 대학 3학년이었던 1977년은 서울대 사회학과가 설립 30주년을 맞는 해였다. 그래서 사회학과 학생들은 10월 학교 축제에 맞춰서 30주년 기념 학술심포지엄을 개최하기로 했다.

주제 발표를 맡은 학생들은 3월 말부터 자료수집하고 문헌을 읽으며 원고 쓸 준비를 시작했다. 심포지엄의 주제는 '1920년대 한국의 민족운동에 대한 고찰'이었다. 토론회에서 발표를 맡을 사람은 모두 여덟 명이었다. 나는 노동운동 부문을 맡았다. 발표자 외에도 심포지엄의 진행을 위해 다른 두 명의 친구가 실무적인 지원을 담당하기로 했다.

8월에는 중간 점검을 위해 과천 근처의 수녀원에서 2박 3일간의 합숙토론을 벌였다. 당시는 유신정권이 대학 내 모든 단체행사에 대해 촉각을 곤두세우고 있었기 때문에 우리는 심포지엄 전날에 학과장님께 원고를 제출해 사전 승인을 받아야 했다. 그러나 발표할 내용을 그대로 제출하면 허락받지 못할 수 있었다. 그래서 우리는 사전에 제출할 원고와 심포지엄에서 직접 발표할 원고를 따로 만들었다.

행사 당일 발표할 친구 몇몇이 다른 친구들을 기다리고 있는데 학과장님과 교수님들이 학과 사무실로 몰려왔다. 학과장님은 우리가 실제 발표할 원고와 다른 원고를 제출했고, 심포지엄을 빙자해 시위를 벌일 계획을 세우고 있다며, 절대 심포지엄 장소에 보내줄 수 없다고 했다. 그 얘기를 듣고 우리는 우리들의 모든 행동이 감시당하고 있었다는 것을 알았다. 우리는 심포지엄 행사를 기다리고 있는 많은 학생들과 약속을 지켜야 한다고 이야기했지만 학과장님을 비롯한 교수님들의 태도는 완강했다.

"너희들이 가면 심포지엄에 관계한 사람이 모두 잘리고, 학과도 폐과가 될지도 몰라. 절대로 안 돼."

우리는 몸싸움을 해서라도 발표회장으로 가려고 했다. 하지만 워낙 완고하게 막고 선 교수님들을 이길 수가 없었다. 사실 심포지엄을 준비하면서 유신반대 시위의 좋은 기회이니 적극적으로 활용해보자는 의견이 없었던 것은 아니었다. 경찰이 곳곳에서 학생들의 움직임을 감시하는 삼엄한 교정 분위기에서 사회학과 30주년 기념 심포지엄과 같이 많은 학생들이 한 번에 모일 수 있는 기회도 거의 없었기 때문이다.

그러나 심포지엄을 준비하는 친구들 중에는 그것보다 행사 본연의 의의에 충실해야 한다며 반대하는 의견이 있어서 우리는 행사를 시위의 장으로 활용할 구체적인 준비나 계획을 할 수가 없었다. 그런데도 경찰은 일단 많은 학생들이 모인다는 사실만으로도 위협을 느끼고 반드시 무슨 일이 일어날 것이라고 확신해 학교에 압력을 넣어 행사 자체를 무산시키려고 했던 것이다.

*

하지만 이런 과잉대응이 오히려 일을 더 크게 만들었다. 당일 심포지엄에 참가하기 위해 행사장을 찾은 학생들은 우리가 학과사무실에 갇혀 나오지도 못하고 있다는 사실을 알고 격분했다. 데모를 하는 것도 아니고 현 정부를 반대하는 목소리를 내는 토론장도 아닌데, 아무 근거도 없이 심포지엄을 막았다는 것이다. 심포지엄 불허에 대한 항의는 곧 시위로 번져나갔다. 그리고 아무 생각 없이 심포지엄 주제 자체에 관심이 있어서 행사에 참여하려던 학생들마저도 유신정권 규탄시위에 참여하게 된 것이다.

나중에 안 일이지만 이 심포지엄을 계기로 다른 팀에서 시위 계획을 세워놓고 있었고, 이들이 제기하려던 쟁점은 학도호국단 철폐 문제였다고 한다. 그런데 뜻밖에 상황이 벌어져 '심포지엄을 속행하라'는 구호로 시위가 시작되었고, 구호는 '학도호국단 철폐하고 학생회 부활하라!'와 '유신 철폐, 독재 타도!'로 이어졌다.

당시 긴급조치 9호가 발표된 지 벌써 3년째 접어든 대학가는 삼엄한 분위기 속에서 점점 침묵에 빠지고 있었다. 그동안 간헐적인 시위는 계속 이어지고 있었지만, 워낙 교내에 상주하는 경찰의 수가 많아서 주동자가 구호도 제대로 몇 번 외쳐보지 못하고 잡혀가기 일쑤였다. 그러던 중에 갑자기 많은 학생들이 한꺼번에 시위대로 돌변했던 것이다.

이 시위로 수백 명의 학생들이 연행됐다. 학과 사무실에 연금되어 있던 우리들은 시위가 진압되고 난 뒤에야 교수들에게 이끌려 학교 부근의 식당으로 가서 저녁을 먹었다. 많은 친구들이 경찰서로 끌려가 고초를 당하고, 그중에서 적지 않은 친구들이 감옥을 가거나 제적을 당할 것을 생각하니 다들 밥이 제대로 넘어가지 않았다. 교수님들은 학교가 곧 휴교 상태에 들어갈 것이니 당분간 학교에 나오지 말라고 하셨다.

*

그때부터 나를 비롯해 심포지엄 발표자로 선정됐던 여러 친구들의 도피생활이 시작됐다. 하숙집에 연락해보니 이미 형사가 다녀갔고 부산 집도 경찰이 감시하고 있을 것이 뻔했다. 어디로 가야 할지 몰라 막막할 때 떠올랐던 것이 내가 태어난 고향 봉화였다. 방학 때면 가끔 가족들과 찾긴 했지만, 네 살 때 부산으로 떠나왔기에 고향에 대한 기억은 없었다. 그런데 갑자기 봉화가 떠올랐다. 거기에 가서 내가 태어나기도 전에 돌아가셨던 얼굴도 모르는 할머니 산소에 가보고 싶은 마음이 들었다.

나는 영주의 부석사를 들러 고향인 봉화군 물야면으로 들어가기로 했다. 청량리에서 중앙선을 타고 영주에 내리니 한밤중이었다. 허름한 여인숙을 찾아 눈을 붙이고 아침 일찍 부석사행 버스를 탔다. 버스를 내려 부석사까지 들길을 걸어가는데 길 양편으로 늘어선 과수원에서는 사람들이 땀 흘리며 사과를 수확하고 있었다. 그 모습을 물끄러미 쳐다보고 있는데 그중

한 분이 다가와 빨갛게 잘 익은 사과를 건네주었다. 그 사과를 한 입 베어 무는 순간, 한없이 쫓기고 복잡했던 마음이 일순간 편안해졌다.

고향이라고는 하지만 가까운 친척들이 대부분 부산으로 나와 사는 상황이어서 봉화에는 친척이 별로 남아 있지 않았다. 나는 칠촌 아저씨 내외분의 오두막에서 며칠을 보내다가 울산으로 내려가 같이 하숙을 하던 사회학과 친구 태욱이네 집에 가기로 했다. 태욱이네 집에는 심포지엄에 참석했던 친구 상학이가 먼저 내려와 신세를 지고 있었다.

태욱이네는 울산에서 얼음과자 공장을 하고 있었다. 마침 운동회 철이라 얼음과자 수요가 폭증하고 있었다. 특히 그해에는 빨아 먹는 얼음과자가 대 히트를 쳤었다. 그래서 친구들과 함께 딸리는 일손을 도우며 한 닷새 정도를 보냈다. 혹시 형사들이 태욱이 집까지 찾아올지도 모르는 일이어서 나는 상학이와 경주로 가서 여기저기를 여행 삼아 돌아다녔다. 그 사이에 태욱이가 서울로 가서 상황을 알아보기로 했다.

태욱이는 같이 심포지엄을 준비했던 친구 둘을 포함해 10여 명의 학생이 구속됐고, 심포지엄의 발표자들은 참고인 자격으로 경찰조사를 받는 것으로 이미 상황은 어느 정도 마무리가 되었다고 전했다. 나는 그 길로 서울로 올라가서 관악경찰서에서 하룻밤 조사를 받고 나왔다.

*

훗날 그날의 시위는 '서울대 사회학과 심포지엄 사건'이란 이름으로 불리며, 유신정권 말기의 숨 막히는 대학가의 상황에 숨통을 틔워주고, 서울대를 비롯한 여러 대학에서 유신철폐를 요구하는 시위가 연이어 일어나는 도화선으로 평가되었다. 심포지엄으로 휴교가 되고 다시 개강이 된 지 얼마 되지 않은 11월에는 대규모 시위가 일어났다. 3천여 명의 학생이 학교 도서관을 점거하고, '민주구국투쟁선언문'을 발표하며 유신철폐와 긴급조치 해제, 구속자 석방 등을 요구했던 것이다.

친구나 후배들 중에는 사회대 심포지엄사건을 계기로 유신정권이 얼마나 무차별적인 폭압을 휘두르고 있는지 알게 되면서 사회문제에 관심을 가지고 적극적으로 유신반대운동에 나선 경우도 제법 많았다. 도피 중에 나를 도와준 태욱이도 그런 친구 중 하나였다.

태욱이는 기독교 계통의 학생운동에 참여하면서 급속히 변화해갔고, 그해 겨울방학 중에 향린교회에서 있었던 기독교 학생회 중심의 유신철폐 시위를 주도하다 구속돼 감옥으로 갔다. 아들이 구속된 데 충격을 받은 태욱이 아버지는 점점 지

대학 4학년 봄에 김진균 교수님을 모시고
지리산 천왕봉에서 찍은 졸업여행 사진

병이 악화되어 세상을 떠나셨다. 꼭 그렇지는 않겠지만, 둘도 없는 모범생이었던 태욱이가 감옥에 간 것도, 그 아버지가 돌아가신 것도 왠지 다 나 때문인 것 같아서 두고두고 마음이 많이 아팠다.

감옥이냐
대학원이냐

3학년 겨울방학 때 나와 친구들은 앞으로의 일에 대해 의논했다. 우리는 개개인의 상황이나 뜻에 따라 3조로 나누어 각자의 역할에 충실하기로 했다. 먼저 A조는 1학기 중에 시위를 조직하고 잡혀가기로 하고, B조는 2학기에 시위를 조직하기로 했다. C조는 상황에 따라 적절하게 투입되는 조였다.

나는 예비조인 C조에 속하게 되었다. 그런데 4학년 1학기에 시위를 주동하기로 한 팀이 신출귀몰한 방법들을 써서 3번의 시위를 성공하는 바람에 시위를 주도할 인원에 다소 여유가 생겼다. 그 결과 나를 포함한 C조는 시위주동의 책임을 면하게 되어 모두 대학원에 진학하기로 결정했다.

그때만 해도 대학원에 진학한다고 해서 대학 교수가 되겠다는 생각을 했던 건 아니었다. 보다 본격적으로 공부를 하고,

공부를 통해서 민주화 운동에 실질적으로 기여할 수 있는 방식을 개척한다는 의미가 더 컸다. 그래서 대학원에 진학한 친구들은 감옥으로 끌려간 친구의 몫까지 공부해야 한다고 생각했다.

그러나 우리들 대부분은 이미 학생운동을 하는 사람들로 낙인이 찍혀 있어서 대학원 진학이 과연 가능할지 의문이었다. 그런데 운이 좋았다. 그전까지는 대학원 학생을 5명 정도씩 뽑았는데, 그해부터 서울대가 대학원 중심대학으로 바뀌면서 19명이나 뽑았기 때문이다. 덕분에 사회학과를 졸업한 학부 학생 중 대학원 진학을 위해 시험을 친 9명이 전부 합격할 수 있었다. 그러고도 정원이 남아 다른 대학교에서도 10명의 학생이 들어왔는데, 그중에는 1980년대 중반 이후 부산에서 재야 인권운동가로 활발한 활동을 벌였던 한신대학교 출신의 김영수 목사도 포함되어 있었다.

사회학과 대학원에 들어갈 때만 해도 대학원 과정을 미국으로 유학 가기 위한 준비 과정으로 여기는 분위기가 팽배했다. 그래서 수업의 내용도 미국의 주류 사회학을 그대로 전달하는 수준에 불과한 경우가 많았다. 대학원에 많은 기대를 걸고 진학했던 학생들이 실망하는 것은 당연한 일이었다. 나도 처음에는 이런 대학원 분위기에 적응을 하지 못하고, 별도의 연구 소모임에 참여하는 등 학과 바깥으로 나돌았다.

그런데 이런 분위기에 용감하게 문제제기를 했던 친구가 바로 김영수 목사였다. 어느 날 그는 머리를 완전히 삭발을 하고 학교에 나타났다. 잔뜩 기대를 하고 대학원에 왔는데 교육 내용이나 학생들의 자세가 실망스러워 삭발을 했다는 것이다. 그냥 웃고 넘어갈 수도 있는 일이었지만 나는 그 친구의 모습을 보고 상당히 충격을 받았다. 그래서 자세를 새로 가다듬고 대학원 분위기를 바꾸어나가기로 마음먹었다.

열성적으로 수업에 참여하는 한편, 그동안의 미국식 사회학 일변도인 분위기에서 벗어나 우리와 유사한 다른 나라의 사례 또는 우리의 역사적 경험을 통한 고찰 등 실질적으로 한국사회에 필요한 사회학적인 연구가 진행되어야 한다는 것을 적극적으로 제기했다. 이런 문제의식을 적극 지원하고 지도해준 분이 신용하 교수님이었다.

신용하 교수님도 새로운 학문 영역으로 사회사, 특히 한국사회사에 대한 연구가 활성화되어야 한다고 주장했다. 신용하 교수의 이런 문제의식에 동감했던 나는 80년 봄에 신용하 교수님이 만든 한국사회사연구회의 초대 총무를 맡았다.

이런 노력들이 가져온 성과는 그 후 10년 정도는 사회학을 공부하기 위해서 무작정 미국으로 유학을 가는 경우가 거의 없어졌다는 것이다. 그리고 사회학을 제대로 하기 위해서는 바로 자기가 사는 현장에서 진지하고 치열하게 현실과 대결해나가야 한다는 인식이 확산되었다.

*

대학원 1학년 때 부마민주항쟁이 터지고 뒤이어 10 · 26사태가 일어났다. 그날 마침 중간고사를 마치고 내 자취방을 찾아온 부산의대 친구와 몇몇이 모여 밤늦도록 이야기를 나누며 술을 마셨다. 그리고 친구로부터 시위를 하다가 다쳐서 들어오는 부상자들을 치료해주었다는 등의 부마항쟁의 분위기를 전해 듣고 무언가 심상치 않은 일이 벌어질지도 모른다는 막연한 생각을 하며 잠자리에 들었다.

아침에 일어나 라디오를 켜니 장중한 장례음악만 계속 흘러나왔다. 뭔가 이상하다 싶어서 급히 학교로 갔더니 전경들이 정문을 완전히 봉쇄하고 있었다. 무슨 영문인지 몰라 다시 버스를 탄 후에야 나는 뉴스를 통해 박정희 대통령이 서거했다는 사실을 알게 되었다.

드디어 유신독재가 막을 내렸구나. 이제 우리나라 민주주의도 앞당겨지겠구나 하는 생각을 했다. 1980년 '민주화의 봄'이 시작되었다. 대학가를 비롯한 곳곳에서 민주화를 향한 행진이 시작되었다. 대학시절에 서로의 뜻한 바가 있어서 대학원에 진학했던 친구들과 함께 우리도 민주화를 진전시키는 데 무언가 의미 있는 기여를 하기로 했다.

우리는 대학원학생회를 부활하기 위한 준비를 하면서 학부생들과 함께 각종 민주선언문을 만들어 배포하기도 하고 집회에도 적극적으로 참여했다. 대학원학생회 준비모임은 내가 대학원 2학년 때부터 조교로 일하고 있던 미국학연구소에서 이루어졌다. 연구소에는 장서만도 1만2천 권이 넘었고, 여러 명이 모여서 회의를 할 수 있는 공간도 충분했다.

5·18 광주항쟁이 일어나기 전 날, 우리는 학교 주변의 시민들을 대상으로 유인물을 나누어주면서 민주화에 동참할 것을 호소했다. 그리고는 저녁에 다시 모여서 내일 쓸 유인물을 만들고 있었다. 그런데 저녁 무렵 이화여대에 모여서 회의를 하던 전국의 학생회장들이 전원 연행돼 갔고, 대학마다 군인들이 들어올 것이라는 소식이 들려왔다.

그동안 찍은 수천 장의 유인물은 미국학연구소에 보관해두고 집으로 돌아갔다. 집에 들어가 텔레비전을 켜니 비상계엄이 전국으로 확대되었다는 방송이 나오고 있었다. 다음날 아침 일찍 학교로 달려갔지만 교문은 굳게 닫혀 있었고 군인들이 출입을 통제하고 있었다. 할 수 없이 근처를 배회하다가 군인들을 피해 산을 넘어온 대학원생들을 만나 학교 안 상황을 물어 보았더니 군인들이 학교에 들어와 구석구석 수색하고 다니다가, 보이는 대로 무차별 구타하고 기합을 주었다는 거였다. 나는 미국학연구소에 보관해둔 유인물이 걱정됐다. 그런데 다행히도 연구소 직원들이 수색 나온 군인들을 따돌리고 몰래 소각하는 바람에 별문제 없이 넘어갔다.

그날 석간에는 엄청나게 많은 지명수배자 명단이 게재됐다. 그 명단에는 많은 대학원생들도 포함되어 있었지만 내 이름은 없었다. 수배자 명단에 올라간 대학원학생회 준비팀들과 도봉산에 모여 앞으로의 대책을 의논했다. 그리고 상황이 진정될 때까지는 각자 흩어져서 은신하기로 결정했다.

광주에서는 군인들의 총칼에 무고한 시민들이 학살되고, 이에 맞선 시민군들의 외롭고도 힘든 저항이 진행되고 있었지만 우리는 실상을 제대로 알 길이 없었다. 대학원 동기인 이호열과 김영수가 광주항쟁의 진실을 알리기 위해 시위를 준비하다가 연행되어 구속되고 군에 끌려갔다는 것도 나중에서야 알게 되었다.

가슴에 묻어둔 내 친구의 청춘

지금도 내 가슴속엔 푸른 청년시절의 모습으로 그대로 살아 있는 친구가 있다. 그의 이름은 '박병태'이다. 병태는 부산고등학교와 서울대학교를 함께 다녔던 친구였는데 평소에 늘 생각이 깊고 진지한 친구여서 많이 좋아했다.

대학 입학 등록금을 내러 가던 날도 병태를 만났다. 당시 병태는 우리 사회의 암울한 실상에 대해 또래들보다 앞선 의식을 갖고 있었고, 그날 나는 병태를 통해 동아일보 광고 탄압사태에 대해 알게 되었다.

3선 개헌에 이어 유신체제를 구축해 종신집권을 꾀했던 박정희 정권은 국민들의 눈과 귀를 틀어막기 위해 갈수록 심하게 언론을 통제했다. 이에 맞서 동아일보와 동아방송 기자들이 '자유언론실천선언'을 하며 언론자유를 요구하자, 유신정권은 사주를 압박하기 위해 신문에 광고가 실리지 못하게 탄압했다.

그러자 뜻있는 국민들이 이에 대한 항의의 표시로 십시일반 돈을 모아 연달아 격려광고를 내기 시작했다. 동창들끼리, 각종 모임의 회원들끼리, 교회와 성당, 참선하던 스님들까지 격려 광고의 대열에 동참했다. 7개월 동안 지속되었던 이 싸움은 끝내 기자들의 대량 해고로 매듭지어졌지만, 엄혹한 군사정권에 맞서 언론의 자유를 되찾기 위한 지난한 싸움은 계속 확산돼갔다.

병태는 우리도 돈을 모아 동아일보에 격려광고를 싣자고 제안했다. 옳은 일에 함께할 수 있겠다 싶어서 나는 흔쾌히 동의하고 서울로 올라오면서 부모님에게 받았던 용돈의 일부를 내놓았다. 그리고 병태와 함께 입학 수속을 하기 위해 학교로 들어오는 부산고등학교 동기들을 붙들고 설명하면서 같이할 것을 제안했다. 그렇게 용돈이나 입학축하금으로 갖고 있던 돈을 조금씩 모으니 10만 원이 조금 넘었다.

그런데 막상 돈을 전달하려고 보니 동아일보사까지 가는 길을 몰랐다. 우리는 사람들을 붙들고 묻고 또 물어가며 광화문에 있는 동아일보사까지 걸어갔다. 그리고 '부산고등학교 제28회 서울대 합격자 일동'이라는 이름으로 성금을 전달하고 나니 알 수 없는 뿌듯함이 가슴에 차올랐다. 그건 나만의 느낌이 아니었다. 그날 우리는 광교거리를 휘젓고 다니면서 허름한 선술집에 들어가 호기를 부리며 소주잔을 기울이기도 하고 비로소 어른이 된 것 같은 기분에 마음껏 취했다.

그 후 나는 병태와 함께 1학년 때부터 사회과학연구회에 가입해 학생운동에 몸을 담았다. 그러던 중 사회대 심포지엄 사건이 있었던 1977년 겨울에 병태가 수배를 받다가 연행되었다. 옥고를 치루고 나오자마자 병태는 군대에 강제로 징집되어 갔다.

불행한 일이 생긴 건 1981년 병태가 여름휴가를 나왔을 때 일어났다. 옛 벗들과 모여 함께 술을 마시며 암울한 시대에 청춘들의 고뇌를 토로하던 중이었다. 광주항쟁 이후여서 시국은 더욱 짙은 어둠의 그림자를 드리우고 있었다. 모두들 광주항쟁에서 무자비하게 죽어간 사람들을 떠올리며 아직 살아남아 있다는 것을 몹시 부끄러워하며 비탄에 잠겼다. 강제징집에 의해 자기 의지와 상관없이 군인이 되었지만 병태가 특히 많이 괴로워했다. 그래서 평소 술을 잘하지도 못하면서 연거푸 술을 들이켰는데 그 심정을 누구보다 잘 알았기에 말리지도 못했다. 그렇게 술을 지나치게 많이 마신 탓인지 병태는 구토를 하다가 기도가 막히는 바람에 황당하게 목숨을 잃고 말았다.

그렇게 절친한 친구를 떠나보내고 우리는 한동안 말로 표현할 수 없는 절망감에 빠졌다. 병태의 맑고 빛나는 눈동자를, 언제나 진지하게 시대와 삶을 고민했던 그 친구를 마음에서 떠나보내기가 너무 아쉽고 힘들었다. 그래서 병태와 국문과 동기면서 절친한 사이였던 희병이를 중심으로 해서 병태가 남기고 간 글을 모아 유고집을 만들었다.

그렇게 해서 1970년대 후반의 엄혹한 유신시절을 누구보다 치열하게 살다 간 아름다운 한 청년의 삶은 1982년『벗이여 흙바람 부는 이곳에』라는 제목을 달고 한 권의 책으로 남게 됐다.

'우리는 곧 사라지지만, 이 땅에 쏟는 힘과 사랑은 또 다른 모습으로 나중에 나타날 것이다. 누구나 다 제 나름의 뜻이 있고 힘과 사랑이 있을진대, 나는 결코 서두르거나 미워하거나 허세를 부리거나 속임이 없어야겠다.

언젠가 우리 다음 세대에 태양처럼 환하고 뜨거운 사람이 나타날 때 우리는 기쁜 마음으로 사라져갈 수 있지 않겠는가. 열이 있는 곳에 빛이 있다. 우리는 다만 사람답게 되기 위해 지금 열심히 일할 뿐이다.'

병태의 유고집에 나오는 옥중 편지 중의 한 부분처럼 그 책은 1980년대 민주화운동의 물결 속에 자신의 청춘을 던진 많은 청년학생들 사이에서 널리 읽히며 또 다른 청춘들과 함께 했다.

'사실 우리 시대에 올바른 스승은 어디에도 없다. 남을 가르치는 것은 세 치의 혀를 통해서가 아니라 온몸으로 드러나는 참됨이기 때문에 만일 스승이 있다면 우리는 그가 태양처럼 환하게 스스로를 태워 우리의 길을 밝혀주는 것을 볼 수 있지 않겠나. 그러므로, 우리는 스스로 깊이 생각하여 나의 길을 갈 수 밖에 없다.'

'말을 달리는 데 딱 한 가지 방법이 있으니, 선두를 탐내지 말라는 것이다. 비록 상처를 입고, 구덩이에 빠질지라도 가고 있는 바가 뚜렷하고 스스로 바른 길을 달리고만 있으면 되는 것이다.'

병태의 유고집에 나오는 글들은 두고두고 내 곁에 남아 시대의 시련과 인생의 위기를 함께 넘는 힘이 되어주었다.

이렇게 험난한 시대의 무게를 이겨내지 못하고 죽어간, 감옥으로 또 감옥으로의 행진을 계속한, 유신의 폭압이 막을 내린 후에도 여리고 고운 심성 탓에 그때 겪은 갖가지 고초의 여파로 정상적인 생활을 하지 못하고 어려운 삶을 영위하고 있는 친구들… 험난한 시대를 타고 넘으면서 치명적인 상처를 가슴에 안고 차가운 땅에 묻힌 내 친구 병태와 또 다른 많은 병태들. 그들이 나처럼 지금까지 살아 있다면 어떤 모습일까. 지금 과 같은 시절에 대학을 다녔더라면 어떤 인생을 꿈꾸며 살아가고 있을까.

청년시절 사람 사는 세상을 꿈꾸었다는 이유만으로 엄청난 대가들을 치렀던 그 친구들을 생각하면서 나처럼 운 좋게 살아남은 모든 이들은 엄청난 부채의식에 시달렸다. 같은 대학 75학번 동기인 조희연 성공회대 교수나 대학원 동기이면서 부산 재야종교계의 선봉장 역할을 한 김영수 목사가 모두 그런 사람들이다. 아마도 80년대에 학생들로부터 시작해 노동계, 여성계, 문화계 등 사회 각층으로 들불처럼 번져갔던 민주화의 행진에 참여했던 대다수의 진보적인 지식인들이 모두 비슷한 심정이지 않았을까 싶다.

서울대 조국 교수와 함께
우리 교육에 관해 대화를 나누고 있는 모습

학문 속에서 지식인의 길을 묻다

가장 존경하는 학문의 스승을 꼽으라면 나는 주저 없이 신용하 교수와 김진균 교수를 꼽는다. 신용하 교수님이 학문적으로 가장 많은 영향을 끼친 분이라면, 김진균 교수님은 비판적 지식인으로서의 삶이 어떠해야 하는지를 몸으로 보여주신 분이다.

신용하 교수는 늘 밤 10시까지 연구실을 지키면서 학문하는 사람들이 갖춰야 할 열정과 끈기를 많은 제자들에게 가르쳐주셨다. 대학원시절에 나는 그런 교수님의 모습이 너무 존경스러워 교수님의 연구실에 불이 꺼져야 집에 간다는 것을 철칙으로 삼기도 했다. 부산대 교수가 된 이후에도 나는 바깥일로 매우 분주할 때를 빼고는 서울대 연구실에서 불을 밝히고 있을 교수님을 생각하며 늦은 시간까지 연구에 몰두하며 연구실을 지켰다.

대학시절 신 교수님은 학생들의 진보적인 학술활동을 적극 지원하셨다. 신 교수님이 학과장으로 있던 1977년에는 유신체제 이후 발간이 중지되었던 학부생들의 학술지인 『사회학보』를 재발간하는 데 지원을 아끼지 않으셨다. 나는 『사회학보』의 편집위원으로 일하면서 교수님과 더 가까워질 수 있었다.

『사회학보』 재발간을 기념하는 회식자리에서 교수님께 당돌하게 한마디 했다가 호되게 꾸중을 듣고 귀한 가르침을 받았던 기억이 난다. 나는 4 · 19혁명 당시 주도적으로 활동했던 몇몇 인사들이 박정희군부정권에 포섭되어 들어갔다는 사실을 지적하면서 "4 · 19세대가 한 일이 뭐 있습니까?"하고 한마디 던졌다. 그런데 교수님이 불같이 화를 내시면서 평소 마음속에만 담아두었던 말들을 거침없이 쏟아놓으셨다.

"감히 자네가 내게 그런 질문을 할 자격이 있다고 생각하나? 나는 지금까지도 4 · 19의 정신으로 살아가고 있고, 한 순간도 4 · 19 정신에 먹칠한 일이 없었다고 자부하고 있네. 기왕 말이 나왔으니 말이지만, 적어도 4 · 19세대는 목숨을 걸고 싸워서 정권을 무너뜨린 세대들이야. 그런데 자네들은 도대체 뭔가? 뭘 제대로 하고 있는가? 역사를 그렇게 가볍게 보아서는 안 된다네. 역사의 사명 앞에서, 적어도 그 사명을 다하려고 애쓰며 살았던 앞선 사람들에 대해 더 겸허해져야 하는 것이야."

대학원을 진학한 이후부터는 여러 가지 이유로 그분과 가까워졌다. 교수님이 주도했던 한국사회사연구회를 결성하는 과정에 실무적인 역할을 담당하기도 했고 석사논문을 쓸 때도 지도교수로 모셨다.

*

김진균 교수님은 '관운장'이라는 별명만큼이나 풍모가 준수하고 인품 또한 넉넉한 분이다. 사실 학부 시절에 만난 교수님은 비판적 지식인과는 좀 거리가 멀었다. 그런데 40대 이후에 끊임없는 자기성찰을 통해 비판적 지식인으로 거듭나면서 누구보다도 열정적으로 지식인으로서 사회적 실천에 앞장서신 보기 드문 분이다.

내가 김진균 교수님을 개인적으로 알게 된 것은 3학년 2학기에 있었던 심포지엄 사건 이후 계룡산으로 등산을 가면서였다. 시위를 주동할 가능성이 높은 학생들을 모아 격리하는 차원에서 교수님들이 주선한 등산이었기에 우리로서는 무척 떨떠름할 수밖에 없었다.

그런데 계룡산을 오르고 수안보 온천에서 서로 발가벗고 탕에 앉아 이야기를 나누면서 단지 유신정권의 위협에 굴복해 학생들을 격리시키려고 한 것이 아니란 것을 알게 되었다. 당시 우리를 말리고 떼어놓았던 교수님들도 마치 비바람 치는 광야에 어린 자식들을 내놓은 부모처럼 불의에 맞서는 제자들을 진심으로 걱정하며 아픈 마음으로 지켜보고 계셨다는 것을 알게 된 것이다.

대학원에 들어가 다시 교수님의 강의를 들을 때 나는 학부 시절에 미처 깨닫지 못했던 학문의 깊이와 철학을 느낄 수 있었다. 그리고 그런 교수님의 변화가 어떤 것이었는지는 80년 민주화의 봄이 오면서 지식인선언에 앞장서는 교수님의 모습을 어렴풋이 짐작할 수 있었다. 교수님은 그 일로 인해 대학 강단을 떠나셨다. 강제 해직을 당해 약 3년을 해직교수로 살아가시는 동안에도 교수님은 해직교수협의회를 만들어 전두환 군사정권의 폭압적인 통치에 맞서 싸우셨다. 그리고 복직이 된 이후에도 민주화교수협의회를 만드는 데 앞장서고 이후에도 다양한 형태로 전개된 교수들의 사회운동에 꾸준히 참여하시면서 아는 바대로 행하는 실천적 지식인의 길을 우리들에게 온몸으로 보여주셨다.

운명은 우연처럼 찾아온다

내가 아내를 만난 건 대학교 2학년 여름이었다. 그 여름에 나는 농촌봉사활동을 마치고 잠시 부산에 들렀다가 사회과학연구회의 수련회 때문에 일찍 서울로 올라왔다. 그런데 다른 지역 출신의 동료들이 미처 상경을 하지 못하는 바람에 수련회 일정이 일주일 뒤로 연기되었다. 갑자기 할 일이 없어져서 빈둥거리고 있는데 하숙집 아주머니가 잠깐 과외라도 할 의향이 없느냐고 물으셨다.

하숙집 아주머니는 해방 전에 함흥여고를 나와서 서울대 사범대를 나온 분이었다. 결혼하고 살림만 하다가 은행 지점장이던 남편이 갑자기 돌아가시게 되어 생계의 방편으로 하숙을 치고 계셨는데 내가 그 분의 첫 하숙생이었다. 나는 대학입학 후부터 줄곧 이사하는 곳까지 따라다니며 아주머니 집에서 하숙을 했고, 그러다 보니 하숙집 아주머니를 어머니라고 부르면서 한 가족처럼 지냈다. 하숙집 아주머니께는 고향에서 함께 여고를 다녔던 절친한 친구가 두 분 있었는데, 내가 가르칠 학생은 그중 한 분의 따님이었다.

내게 과외를 받을 여학생은 다른 과목을 곧잘 하는데, 지구과학을 영 힘들어해서 일주일 정도만 집중적으로 정리해주면 좋겠다는 것이 하숙집 아주머니의 전언이었다. 그 덕분에 나는 평생의 배필이 될 아내를 만났다.

나는 아내를 처음 보는 순간 한눈에 반했다. 그러나 한창 입시준비에 열중하고 있는 고3 학생이니 고백도 하지 못하고 한참을 혼자 속앓이를 했다. 무엇보다도 시간 엄수를 기본으로 했던 학회에서 수련회가 일주일씩이나 연기된 것도, 그때 하필 과외 부탁을 받은 것도, 그보다 앞서 수십 군데를 돌아다니다가 겨우 택한 하숙집이 아주머니의 집이었던 것도 모두 운명처럼 그녀를 만나기 위해 일어난 기막힌 우연이었다는 생각이 들었다.

지구과학을 가르쳐달라는 부탁을 받았지만 솔직히 자신은 없었다. 하지만 그녀에게 잘 보이고 싶은 마음이 너무 커서 지구과학 교재를 구해 고3때보다 더 열심히 공부를 하며 그녀를 가르쳤다. 그런 나의 태도가 마음에 드셨는지 그녀의 부모님이 입시 때까지 계속 지도해줄 수 없느냐고 물으셨다. 나는 계속 그녀를 볼 수 있다는 생각에 속으로 쾌재를 불렀지만, 겉으로는 점잔을 빼면서 일단 수련회를 다녀와서 결정하겠다고 대답했다.

아내가 연세대 식품영양학과에 합격한 뒤에 나는 본격적으로 데이트 신청을 했다. 그렇게 우리들의 연애가 시작되었는데, 나는 그녀의 이지적이고 자의식이 강한 면이 특히 마음에 들었다. 아내는 연애를 하면서도 여느 여성들처럼 연애하는 일에만 푹 빠져 있지 않았다. 매순간 자기 일을 착실하게 해가면서 나를 만났다. 한 번에 뜨겁게 달아오르는 열정적인 연애도 매력적이겠지만, 그녀와의 만남처럼 따뜻한 봄볕같이 은근하면서도 깊이가 있는 그런 연애가 나는 더 마음에 들었다.

당시에 나는 학회를 중심으로 학생운동에 점점 더 깊이 개입하고 있었다. 그런 나를 그녀가 감당할 수 있을지 걱정이 되어 속마음을 털어놓고 앞으로 힘들고 험난한 길만이 기다리고 있는데 그래도 다 이해하고 견딜 수 있겠느냐고 물었다. 아내는 이제 갓 대학에 첫발을 내디딘 신입생이었다. 그러나 나에 대한 믿음과 사랑이 있었는지 내가 가려는 길이 어떤 길인지 잘 알지 못했지만, 자신 때문에 가고자 하는 길을 포기하지 말라고 이야기했다.

대학 3학년에 있었던 사회학과 심포지엄 사건 때 아내도 그 자리에 있었다. 같이 학생운동을 하는 입장이거나 심포지엄의 주제에 대한 관심이 있어서 찾아온 것이 아니었다. 뭘 하는 건지도 모르고 사귀는 사람이 발표를 한다고 하니 구경하러 왔다가 졸지에 그 자리에 있던 다른 학생들과 같이 경찰서로 연행되었다. 조사를 받는 중에는 다른 대학에서 왔다는 이유만으로 더 많이 시달렸고, 그 사건으로 내가 도피생활을 하게 되자 무척 마음을 졸였다고 한다. 그 일로 우리는 그녀 집안의 극렬한 반대에 부딪혔다.

아내의 아버지는 북청출신이었다. 일찍 아버님을 여의고 북청 제일의 대지주였던 할아버지 밑에서 귀하게 성장했고, 해방 이후 토지개혁이 일어나자 장인어른의 할아버지는 귀한 손자를 남한으로 피신시켰다. 그렇게 혈혈단신으로 내려온 장인어른은 온갖 고생을 하면서 학업을 계속해 서울대 법대를 졸업하셨다. 그러나 결혼과 함께 가족의 생계를 책임져야만 했기에 고시 공부를 포기하고 취직을 해 직장생활을 하게 되었다.

당시에 장인어른은 동아일보 판매국장으로 재직하고 계셨다. 그래서 언론자유를 부르짖으며 쫓겨난 기자들이 온갖 박해와 탄압 속에 어떤 고초를 겪고 있는지 누구보다 잘 알고 계셨다. 그러니 자신의 외동딸이 학생운동을 하는 청년과 사귀는 것을 그대로 보고만 있을 수 없으셨던 것이다. 그러나 끝내 우리를 이기지 못하시고, 내가 박사과정에 들어가자 마침내 결혼을 승낙하셨다.

*

대학원 박사과정에 들어가서 한 학기를 마치고 나는 아내와 결혼을 했다. 그리고 뒤늦게 군대를 가기 위해 신체검사를 받았는데 한때 결핵을 앓은 탓인지 보충역 판정이 나왔다. 현역 입영 대상이 되어도 대학원 박사과정에 있었기 때문에 당시만 해도 사관학교의 교관이나 석사장교로 6개월 정도 근무할 수 있었는데 뜻하지 않게 보충역 판정을 받았던 것이다.

그때 함께 복무했던 보충역들 중에는 학력미달로 보충역으로 편입된 경우가 대부분이었다. 고참들도 별반 다를 바가 없어서 봉천동 나이트클럽에서 문지기를 하다가 들어온 사람도 있고, 삼청교육대에 끌려갔다 온 친구까지 있었다. 그러다 보니 가방끈이 너무 길다는 이유로 나는 수시로 괴롭힘을 당했다. 원산폭격은 양반이고 쇠파이프로 엉덩이 찜질을 하는 날도 많아서 졸병 때는 바로 눕지를 못해 늘 엎드려서 잠을 자야 했다. 지금은 있을 수 없는 일이지만 그때는 그렇게 밑바닥 인생을 살던 사람들이 군대에서 고학력자들에게 공연히 분풀이를 하는 일이 더러 있었다.

방위병 시절은 혹독한 생활고에 시달린 시간이기도 했다. 내가 방위병 소집을 받았을 때는 큰딸이 백일도 지나지 않았는데, 갑자기 임파선 결핵에 걸렸다는 진단을 받았다. 아이가 결핵에 걸렸다는 말에 나는 내 탓인가 싶어서 마음속으로 죄책감에 시달렸다. 그런데 알고 보니 그해 BCG 예방접종약에 문제가 있어서 우리 아이처럼 임파선 결핵을 앓은 아이들이 유난히 많았다.

그때 아내는 출산 직후이고 나는 방위병으로 근무하고 있었으니 수입이 전무한 상태였다. 그동안 대학에서 조교로 2년, 강사생활 1년을 하면서 푼푼이 모아놓은 돈은 오래 지나지 않아 바닥이 났다. 그런데 아이 병원비 부담까지 생겼으니 아내 몫으로 남아 있는 돈까지 대야 할 형편이었다. 나는 아내와 결혼을 하면서 장인어른께 다른 것은 아무것도 필요 없고, 아내가 대학원 공부를 마칠 수 있도록 3학기 등록금만 좀 대주십사 하고 부탁을 드렸다.

그런데 아이는 아프고 그 돈을 쓸 수밖에 없었는데 아내가 복학을 해야 할 시기가 돌아왔다. 우리 부부는 둘 다 공부를 계속해야 할 형편이어서 원래는 부산의 부모님들이 아내가 복학하는 대로 아이를 봐주기로 했다. 그런데 아이가 아프다는 소식을 들은 부모님은 아내의 복학을 완강히 반대하면서 아이를 봐주지 않겠다고 하셨다.

부모님 입장을 이해하지 못하는 건 아니었지만, 나는 아내에게 미안한 마음이 들어서 의사를 물었더니 복학을 하겠다는 의지가 단호했다. 사실 경제적으로 너무 힘들어서 속으로는 아내가 주변의 상황에 못 이겨 복학을 포기하면 좋겠다는 마음이 없진 않았다.

그런데 평소와 달리 아내는 완강하게 자신의 뜻을 펼치며 나를 설득했다. 아이가 아픈 것은 속상하지만 잘 돌보고 치료하면 낫게 될 병이고, 상황이 힘들다고 공부를 포기하면 앞으로도 쉽게 그렇게 할 것이고, 어쩌면 영영 공부를 마칠 수 없을지도 모르지 않느냐고 했다. 그러니 형편이 나아질 때를 기다리지 말고 힘들더라도 복학을 해서 어떻게든지 헤쳐 나가자는 것이었다.

아내가 그렇게 강력하게 자기주장을 하는 것을 나는 처음 보았다. 그래서 우리는 아이를 하루 종일 봐줄 수 있는 분을 구해 아이를 맡겼다. 나는 모자라는 생활비를 보충하기 위해 매일 밤 코피를 흘려가며 번역 일을 했다. 그때 미국학연구소의 구영록 교수님과 유네스코 한국위원회의 정우탁 학형에게 신세를 참 많이 졌다. 내가 밤마다 힘들게 번역 일을 하며 애를 쓰는 동안에 아내는 열심히 공부를 했고, 미장원도 한 번 가지 않은 채 고무줄로 머리를 동여매고 다니면서 최대한 내핍생활을 했다.

*

세월이 흘러 그때를 돌아보면 아내의 말에 따르기를 참 잘했다는 생각이 든다. 아내는 복학하고 3학기 만에 석사학위를 받았다. 그리고 부산대학교에 자리를 잡은 나를 따라 내려와 시간강사 생활을 거쳐 전문대학의 교수가 되었다.

지금도 아내는 식품영양학과 교수로서 열심히 학생들을 가르치고, 자기 분야에서 나름대로 활발하게 활동을 펼치며 당당히 자기 길을 가고 있다. 영양 분석과 식단 작성을 위한 컴퓨터 프로그램을 개발하여 상품화할 정도로 자기 분야에서 독보적인 업적을 남기기도 했다. 국내에서 처음으로 '푸드서비스 매니저' 과정이라는 민간자격증 수여 과정을 개발해 관련업계 종사자들의 직무능력개발에도 많은 기여를 하기도 했다.

성인병의 주범이 되는 설탕과 소금, 나쁜 지방, 소위 삼백식품을 줄이자는 취지의 캠페인팀을 구성해 제자들이 이를 주제로 한 연극공연을 할 수 있도록 지원하고, 일반인들과 음식업소를 대상으로 적극적인 활동을 펼친 일도 있었다. 한때는 부산시내 일선학교 급식의 질을 분석하고, 높은 급식비 부담에도 불구하고 급식의 질이 현저히 떨어진다는 연구결과를 발표해 위탁급식이 아닌 학교직영급식의 필요성을 알리기도 했다. 또 금정구보건소와 연계해 청소년을 위한 계절별 저단가 식단자료집, 노인들을 위한 계절별 저단가 식단자료집을 발간해 취약계층시설에서 이용할 수 있도록 하는 등 자신의 분야에서 꾸준히 의미 있는 연구와 활동들을 지속해오고 있다.

그리고 결혼 초에 많이 아파서 우리 부부의 애를 무던히 태웠던 첫딸도 별 탈 없이 건강하게 잘 자라 숙녀가 됐고, 지금은 결혼해서 두 아이의 엄마가 됐다.

부산대 학생들의
젊은 교수 길들이기

원래는 군 복무를 마치고 박사과정을 끝낼 때까지는 서울에서 공부를 계속할 생각이었다. 입대하기 전에 몸담았던 미국학연구소에서 조교로 계속 일을 할 수 있도록 미리 이야기가 되어 있었기 때문이다. 그렇게만 되면 넉넉하진 않아도 학위과정을 마칠 때까지는 그럭저럭 경제적으로 큰 어려움 없이 버틸 수 있었다. 한데 막상 제대를 하고 연구소를 찾아가니 이미 내 자리에는 다른 사람이 와서 근무를 하고 있었다.

눈앞이 캄캄해지는 순간이었다. 학위를 마치는 것도 문제지만 당장 어린 딸과 공부하는 아내를 데리고 먹고사는 일이 걱정이었다. 어떻게든지 일자리를 구해야만 했다.

그런데 하늘이 무너져도 솟아날 구멍은 있다고 절망적인 순간에 뜻밖에도 다른 길이 열렸다. 당시 대학가에는 졸업정원제가 도입되어 3, 4년의 짧은 기간 동안에 학생 수가 2배 이상 늘어났다. 그에 따라 대규모의 교수 충원이 필요했고, 연구경력 3년 이상이라는 최소요건만 충족되면 전임교수 지원 자격이 주어졌다. 나는 석사과정 2년과 국립대 조교 2년, 강사생활을 1년을 했기 때문에 최소한의 조건은 충족된 상황이었다. 대학을 통제하기 위해 군사정권이 추진한 졸업정원제라는 졸속한 정책이 나에게는 좋은 기회를 제공한 셈이 됐다.

*

그렇게 해서 나는 부산대학교 사범대 일반사회교육학과 전임강사로 교직생활을 시작하게 됐다. 그때 내 나이 만 26세밖에 되지 않았다. 뜻하지 않게 부산대학교 최연소 교수라는 타이틀까지 달고서 시작한 임용 첫 학기의 설렘을 나는 아직도 잊을 수가 없다. 첫 학기인 1983년 2학기에 나는 세 과목을 배정받았는데, 그중 한 과목은 4학년을 대상으로 한 것이었고 그 과목이 나의 첫 수업으로 배정되었다. 약간 떨리고 설레는 가슴을 진정시키고 강의실에 들어갔는데 학생들이 한 명도 보이지 않았다. 강의실을 잘못 찾았나 하고 확인을 해봤지만 잘못 찾은 게 아니었다. 이제 제법 노련해진 4학년생들의 '젊은 선생 길들이기'라고 생각하고 그냥 강의실을 나왔다.

그런데 두 번째, 세 번째 강의시간까지도 학생들이 모습을 나타내지 않았다. 아무리 4학년 2학기이고 자신들과 몇 살 차이도 나지 않는 젊은 선생이 왔다고 해도 이건 도가 지나치다 싶었다. 일순간 화가 났지만 행정착오일 수도 있겠다 싶어서 조교에게 혹시 내 강의가 폐강된 것이 아닌지 확인해주길 부탁했다. 그런데 아니라는 답변이 돌아왔다.

학기 초라 아직 출석부도 나오지 않았으니 학생들을 불러 야단을 칠 수도 없는 노릇이었다. 그런데 나중에 확인해보니 참으로 어처구니없는 일이 벌어졌다. 어떤 과목을 수강신청한 학생이 10명 미만이면 자동으로 폐강이 되는데, 내가 맡았던 4학년 과목은 아예 아무도 수강 신청을 하지 않아 파악조차 할 수 없었던 것이다. 그런데 이런 사실을 꿈에도 짐작하지 못한 젊은 초짜교수는 속으로 씩씩거리며 빈 강의실을 하릴없이 들락날락했던 것이다. 그렇게 한 사람도 수강신청을 하지 않음으로써 실력이 검증되지 않은, 새파랗게 젊은 교수인 나를 완전하게 물 먹였던 그때 그 4학년 수업을 나는 아직도 잊을 수 없다.

대학 부임 초기에 일어났던 황당했던 일은 이뿐만이 아니었다. 일반사회교육과의 한 여학생이 등 뒤에서 '형!' 하며 나를 부르는 것이었다. 당시 대학가에서는 여자후배가 남자선배를 오빠 대신 형이라고 부르는 게 일반적이었다. 나를 그렇게 부르는 사람이 누구인가 하고 얼떨떨해하며 뒤돌아보았더니 한 여학생이 다가왔다. 그 여학생은 내가 고등학교 때 부산의 여러 학교 학생들과 모여 했었던 독서모임 설우회의 여자 후배라고 자신을 소개했다.

"고등학교 때부터 형 얘기 많이 들었어요. 이렇게 만나게 돼서 반가워요, 형. 교수님이라고 안 하고 형이라 불러도 되죠?"

결국 나는 부임 첫 해에 만난 4학년 학생들에겐 아예 선생으로 대접받기를 포기해야 했다. 그때 나는 너무 어려 보여서 그런가 싶어서 일부러 나이 지긋한 사람들이나 찾을 만한 디자인의 안경을 쓰고 무게도 잡아보았지만 별 소용이 없었다.

그렇게 어설프고 다소 유치했던 초짜 교수시절도 벌써 30년이 훌쩍 넘긴 이야기가 됐다. 그동안에 수백 명의 제자들이 학교를 졸업했고, 일선학교 선생님으로 각자의 길을 걷고 있다. 그리고 나는 여전히 내 자리를 지키며 부산대학교 사범대학교 교수로서 새로운 학생들을 만나고 있다. 함께 교정 곳곳을 누비며 같이 공부하고 토론하고 막걸리 잔을 기울이기도 했던 그 초짜교수 시절의 제자들은 어느새 나이 오십을 넘긴 오랜 교직경력의 소유자들이 되어 있을 것이다.

80년대, 90년대, 그리고 2000년대. 시대의 흐름에 따라 대학

대학 교정에서 학생들과 함께 환하게 담소를 나누는 모습

가의 모습은 조금씩 달라졌다. 그러나 내 눈에는 내가 만난 모든 제자들의 모습이 크게 달라 보이지 않는다. 더불어 시대를 고민하고, 우리 교육의 내일과 희망을 이야기하면서 언제나 함께하는 선생, "이것이 정답이다" 하고 해결사 노릇을 자처하는 선생이 아니라 그들의 고민과 아픔을 함께하면서 가르치며 배우고, 배우면서 가르치는 그런 영원히 철들지 않은 선생이 되고 싶어 했기 때문일까.

미안하고 아쉬운 아버지 노릇

내겐 딸 둘과 아들 하나가 있다. 큰딸은 앞에서도 언급했듯이 태어난 지 백일도 안 돼 병고를 치렀고, 방위병 아빠와 대학원 다니는 엄마 덕에 고생 꽤나 하면서 자랐다. 둘째 딸은 큰딸과 일곱 살 터울이 난다.

이렇게 터울이 크게 난 것은 엄마의 일자리 문제 때문이었다. 지역에 아무런 연고가 없는 상황에서 석사과정을 마치고 부산에 내려온 아내는 몇몇 대학의 시간강사 자리를 얻었다. 그런데 시간강사라는 것은 워낙 불안정한 자리가 돼서 임신하고 쉬게 되면 다음 학기가 보장되지 않았다. 전임강사 자리를 확보하기 전까지는 아이를 가질 엄두를 낼 수 없었다.

아내는 시간강사 생활을 3년 정도 하고, 전문대학의 전임강사가 됐다. 전임강사가 될 때를 돌아보며 아내는 자신이 참 운이 좋은 사람이었다고 말하곤 한다. 아무런 연고도 없는 대학에서 전임 자리가 비어 있다는 소문만 듣고 무작정 학교를 찾아가 이력서를 내밀었는데, 다행히도 강의를 배정받았기 때문이다. 일단 1년 동안은 지켜본다는 조건이었는데 아내가 워낙 노력을 많이 해서인지 그 다음 해에 전임강사 발령을 받을 수 있었다.

전임강사가 되더라도 1년 정도는 이런저런 일로 정신없이 바쁘기 마련이라 다른 문제에는 신경을 쓰기 어려웠다. 그러다가 둘째딸을 낳았는데 나나 아내의 생각과는 달리 아들을 바라는 집안어른들의 성화가 이만저만 아니었다. 내가 그 요구에 잘 응하지 않자, 부모님은 아내를 직간접으로 압박했고, 견디다 못한 아내는 내게 아이를 딱 하나만 더 갖자고 제안했다. 그렇게 해서 태어나게 된 아이가 우리 집에 6대 종손인 막내아들이다.

아내도 나도 세 아이 모두 어릴 때부터 남들 손을 빌려가며 키운 처지여서 부모로서 아이들에게 늘 미안한 마음이 많았다. 그래서 아이들에게 과한 기대나 요구는 하지 않았던 것으로 기억하는데 아이들은 어떻게 생각할지 잘 모르겠다. 각자의 일로 늘 바빴기 때문에 솔직히 우리는 아이들을 거의 방목하다시피 하며 키웠다. 아이들이 한창 커갈 때 나는 연구와 학교일, 갖가지 외부활동으로 바빠서 제대로 아버지 노릇을 하지 못한 것 같다.

아이들이 갓난아기 때는 이웃집 아주머니 손에서 컸고, 걷기 시작하면서부터는 놀이방과 유치원에서, 학교 들어가서는 학교와 학원을 오가면서 스스로 자라다시피 했다. 아이들은 학교숙제뿐 아니라 모든 걸 자신들이 스스로 알아서 해결해야 했다. 부모 둘 다 빨리 귀가할 수 있는 처지가 못 되어 특히 둘째와 막내는 먹을 것도 챙겨주고 공부도 좀 봐주고, 어쨌든 방과 후 시간을 책임져주는 학원에 오랫동안 보냈다. 부끄러운 고백이지만 애들을 키워준 건 절반이 학원이었다고 해도 과언이 아닐 정도였다. 그래서 나는 맞벌이 부부들의 육아와 교육의 고충을 누구보다도 잘 이해하고 있다.

아이들이 어릴 때보다는 사춘기를 겪어가는 과정에서 도대체 자식이 뭔지, 제대로 된 부모 노릇은 뭔지 더 많이 생각하게 된다. 가정마다 정도의 차이는 있겠지만 아이들이 사춘기를 겪으면서 크고 작은 사고를 치는 것이 보통이다. 이럴 때 부모들은 '얘가 도대체 내가 알고 있던 내 자식이 맞나' 싶은 생각이 절로 들 정도로 시험에 빠진다. 나 같은 사범대학 교수라고 해서, 학교현장에서 가르치는 교사라고 해서 그런 부모의 시련으로부터 자유로울 수는 없다. 마치 의사라고 해서 감기에 걸리지 말라는 법이 없는 것처럼, 아이들을 가르치는 것이 업인 사람들이라고 해서 자기자식 문제로부터 속을 썩거나 고민에 빠지지 않을 수는 없다. 나 또한 아이 셋을 키우면서 그런 어려움을 겪지 않을 수 없었다.

그런 과정들을 거쳐 이제 세 아이 모두 스무 살이 넘는 성인이 되고 보니, 그때는 몰랐던 것들이 선명하게 보이기도 하고 후회스러운 일도 없지 않다. 그래서 한 아이의 엄마로서의 인생이 시작된 나의 큰딸이나 부모 노릇에 골몰하고 있는 많은 젊은 부모들이 좀 더 지혜로운 마음과 행동으로, 아이들을 있는 그대로의 모습으로 바라보고 때론 기다려주면서 나보다는 훨씬 훌륭하게 부모 노릇을 해낼 수 있기를 바라고 싶다.

3장

사범대 교수로 살아온 30년

제자의 뼈아픈 물음

부산대학교에 발령을 받은 직후에 나는 그해 입학한 83학번 학생들의 지도교수를 맡았다. 제자들과 어울려 점심을 먹고 다시 학교로 올라가고 있는데 때마침 절정을 이룬 금정산의 찬란한 단풍이 눈에 들어왔다.

"금정산은 정말 아름다운 산이야!"

단풍으로 곱게 물든 금정산의 가을 정취에 취해 나도 모르게 내뱉은 말에 같이 걷고 있던 한 학생이 뜻밖의 말을 했다.

"하지만 결국 관악산으로 가실 것 아닙니까?"

당시엔 새로 부임한 젊고 유능한 교수들이 기회만 주어지면 서울에 있는 대학으로 자리를 옮기는 일이 흔히 있었다. 게다가 내가 서울대 박사과정을 마치기 위해 서울을 오가는 일이 종종 있었기 때문에 그 학생은 아마도 내가 곧 부산을 떠날 것이라고 생각했던 모양이다.

그러나 나는 전혀 그럴 생각이 없었다. 만일 그랬다면, 애초부터 부산에 내려오지도 않았을 것이다. 부산대학교에 지원할 당시에 서울에 있는 다른 대학에서도 강의 제의를 받았기 때문이다. 이런 나의 상황이나 생각을 일일이 말하기도 그렇고 해서 나는 속으로만 그 학생의 물음에 대답했다.

'적어도 내 스스로 금정산을 떠나는 일은 없을 거다.'

부산이 우리나라 제2의 도시라고들 하지만 모든 게 서울을 중심으로 돌아가는 우리 현실에서 부산에서 살아가는 사람들, 젊은 학생들조차 자신이 발 딛고 살아가는 곳이 변방취급을 당하는 것에 대해 자연스럽게 받아들이는 것이 좀 서글펐다. 그래서 나는 꼭 필요한 일이 아니면 서울에 발걸음을 잘 하지 않았다. 그래서 대학친구들이 "서울에는 아예 발을 끊었느냐"고 물어오기도 했다.

네 살 때 부모님의 손에 이끌려 고향 봉화에서 우암동 산동네에 정착하게 된 후, 나는 내 인생의 대부분을 부산에서 보냈다. 서울에서 대학과 대학원을 다니던 몇 년간을 제외하고는 부산을 떠나본 적이 없다. 그래서 부산을 살기 좋은 고장으로 만들어나가는 데 내 작은 힘이라도 보태는 것은 결국 내 삶의 터전을 가꾸는 것이고, 나의 인생을 더 의미있고 충실하게 만드는 일이라 생각했다. 내가 부산지역의 민주화운동 과정에서, 혹은 부산발전을 위해 필요한 단체나 조직에서, 교수이자 학자로서, 또 한 사람의 시민으로서 할 수 있는 한 최선을 다해 참여하고 나름대로 열심히 실천하는 길을 걸었던 것도 바로 그런 이유 때문이다.

*

스승은 단지 가르치기만 하는 사람이 아니다. 가르치는 것이 주된 업이긴 하지만 부단한 배움의 자세나 노력이 없다면 제대로 된 스승이 되기 어렵다는 것이 나의 오랜 생각이었다. 스승들의 배움은 때때로 나보다 어린 제자들을 통해 이루어진다. 또한 교수라는 사회적 지위나 학식을 넘어서는 더 중요한 것을 가르쳐주는 평범한 사람들을 삶의 현장에서 만나는 것도 평생 학인으로 살아가는 이들에겐 놓칠 수 없는 배움의 기회다.

1983년 내가 처음 부임해 왔을 때 부산대학교에서는 5 · 18 광주사태에 대한 진상규명과, 5공화국 군사정부의 타도를 요구하는 학생들의 시위가 점점 확산되고 있었다. 그해 가을엔 학생회관 앞에서 경제학과에 다니는 한 학생의 주도로 3백여 명의 학생들이 '군부독재 타도'를 외치며 밤늦게까지 교내시위를 벌이는 사건이 벌어졌다. 내가 대학을 다니던 70년대 말과 별로 다르지 않은 풍경이었다. 다만 당시는 유신독재 군부정권의 폭압에 대한 저항이었고, 80년대 초의 상황은 광주시민들의 무고한 희생을 제물로 정권을 잡은 5공화국 신군부정권에 대한 항거라는 것이 차이가 날 뿐이었다.

나는 임용과 함께 83학번의 지도교수를 맡았다. 당시 대학가에서 지도교수에게 주어진 임무 중에 하나는 학생운동의 확산을 막기 위해서 학생들을 통제하고 감시하는 것이었다. 교내에서 학생시위가 일어나면 교수 연구실마다 달려 있는 스피커를 통해 곧바로 그 소식이 전해졌다. 그러면 시위현장으로 달려가 자신이 맡은 학생이 있으면 그 학생들을 대열에서 분리시키는 것이 일이었다. 지도교수가 되면 어쩔 수 없이 이런 다소 비정상적인 사제관계 앞에 놓여야 하는 굴욕을 받아들여야 했다. 그때마다 나는 어쩔 수 없는 상황도 있었지만, 진심으로 제자들을 걱정하는 마음에서 우리를 만류하고 가로막기도 했던 나의 대학 시절 스승들을 생각했다. 그런 나의 진심은 말하지 않아도 아마 당시 제자들이 짐작하리라 생각된다.

당시 나는 학생들에게 주고 싶은 것도 많았고 배우고 싶은 것도 많았다. 그래서 학생들이 모이는 곳이면 어디든지 자리를 함께하려 했기에 처음엔 교수님이 이런 자리까지 오시나 하고 의아하게 생각하는 학생들도 있었다. 그러나 시간이 지나면서 학생들도 자연스럽게 받아들였다. 나는 특히 운동권, 혹은 문제아로 낙인 찍혀 있던 학생들에게는 더 많은 관심과 애정을 가졌다. 이런 학생들은 학교에서 다른 교수들로부터 구박을 받는 일이 허다했기 때문에 나라도 작은 방패막이가 되고 싶은 마음이 컸기 때문이다. 나는 그런 학생들과 근교 산을 등산하기도 했고, 수배를 받고 쫓기는 학생을 내 연구실에 숨겨주기도 했다.

임용되던 첫 학기에 3학년이었던 81학번과는 겨울방학 동안 학습모임을 만들었다. 그 결과 학과 내에 두세 개의 공부모임이 더 만들어졌고, 수업 밖에서도 교육문제에 대해 진지하게 고민하고 토론하는 전통을 만들 수 있었다.

*

80년대는 우리 현대사에서 매우 중요한 시기였다. 국민들의 요구와 노력에 의해 민주화를 이루었고, 국민의 손으로 직접 대통령을 뽑는 직선제 개헌이 이루어졌다. 그 시기에 학계에서도 의미 있는 변화와 참여가 있었다. 나는 그때 서울대 대학원에서 함께 공부했던 동료들과 함께 우리 사회에 실질적으로 필요한 연구와 작은 실천들을 해나가기 위해 노력했다. 서울대에서 같이 공부했던 친구들 대부분이 모두 지방대학 교수로 자리를 잡고 있었기 때문에 자주 모여 각자의 연구 성과들을 쉽게 나눌 수 있었고, 지역을 중심으로 한 연구주제를 통해 지역 학술운동의 발전에도 일정 정도 기여할 수 있었다.

이때 함께했던 소장학자들은 훗날 제3세대 학자로 불리며, 이전과는 다른 새로운 학술연구 집단의 전형을 보여주었다. 제3세대 학자들은 외국유학파들과는 달리 주로 국내에서 공부를 했으며, 유신 말기와 민주화의 봄, 그리고 5·18 광주민주항쟁 등을 직접 간접으로 겪으면서 한국사회에 대해 실질적인 고민을 했다는 점에서 이전 학술세대들과는 확연히 구별됐다.

한편 대학 내 교수사회에서도 80년대 각계 각층에서 일어난 민주화의 요구나 참여가 이뤄졌다. 고려대 교수들의 시국선언문 발표를 시작으로 전국의 대학에서 지역별로, 대학별로 직선제 개헌, 학원자율화 등을 요구하는 교수들의 선언문 발표가 계속 이어졌다. 내가 몸담고 있던 부산대학교에서도 교수들의 시국선언이 이뤄졌지만, 처음 시작할 때만 해도 극소수의 교수만 용기를 내어 시국선언문에 서명을 했다.

나를 비롯해 당시 시국선언문에 서명을 했던 10명의 교수들에게는 정부의 방침에 따라 징계가 이루어졌다. 나는 조교수 승진에서 탈락되었으며, 학과장직을 박탈당했다. 박재환 교수도 학과장직을 박탈당했고, 채상식 교수는 연구비 반환 조치를 받았다. 또 같은 학과의 허평길, 김양화 교수도 승진에서 누락되는 불이익을 당했다.

교수직 자체가 박탈될 수도 있다는 각오로 서명에 동참하긴 했지만, 개개인에게는 결코 만만한 일이 아니었다. 그러나 이런 가시적인 불이익보다 더 견디기 어려웠던 것은 일부 동료 교수들의 싸늘한 시선이었다. 서명교수를 '철딱서니 없는 젊은 친구들' 또는 '사상이 의심스러운 사람들'로 매도하는 교수들도 적지 않았기 때문이다. 그러나 시간이 지날수록 더 많은 교수들이 시국선언 서명에 동참했고, 1987년 6월 민주항쟁을 거치고 연일 서면에서 남포동까지 거리를 가득 메웠던 시민들의 힘으로 직선제 개헌을 이뤄냈을 땐 우리의 행동이 결코 철없는 치기나 얼치기 영웅심이 아니었음이 자연스럽게 증명되었다.

6월 민주항쟁이 한창이던 시기에 나는 담배와 영영 결별을 했다. 어느 날 출근버스 안에서 전주에서 신부님들이 직선제개헌을 요구하면서 단식 농성을 벌인다는 뉴스를 듣게 됐다. 나는 신부들의 결연한 의지에 동참하는 뜻에서 무언가를 하고 싶었지만 단식을 할 자신은 없었다. 그래서 밥 못지않게 소중하게 여기던 담배를 끊기로 한 것이다.

6월 민주항쟁의 승리로 직선제 개헌이 이루어진 후에 대학

민주화를 고민하던 교수들이 모여 '민주화를 위한 전국교수협의회(민교협)'를 조직했다. 부산지역 교수들도 함께 모여 민교협을 만들었고, 1988년 11월에는 부산경남민주화교수협의회가 결성되었다. 그리고 나는 부산경남민교협의 초대총무를 맡아 민주시민의식을 고취시키는 민교협 기획강좌 등을 기획하고 실무적인 일들을 챙기느라 전보다 더 바쁜 하루하루를 보냈다.

그렇게 80년대 민주화의 물결 속에서 나름대로는 바르게 배우고 실천하며 살기 위해 노력하다 보니, 1981년에 시작한 박사과정을 1992년 8월, 거의 데드라인을 채우고 마칠 수 있었다. 당시 제출한 「경제 변동에 대한 지역사회의 계급적 대응: 1980년대 부산지역을 중심으로」라는 학위논문은 다음 해에 『부산지역 계급구조와 변동』이라는 제목의 일반학술서로 출판되었고, 지역사회에 대한 체계적인 연구가 거의 이루어지지 않은 상황에서 부산 지역사회 연구의 중요한 성과로 평가받았다는 것이 그나마 위안이 됐다.

영원한 나의 삶터에서

지금도 학교현장에서 열심히 학생들을 가르치고 있는 제자 김진수 선생을 처음 만난 것은 부산대학교에 임용되었던 초창기의 일이다. 당시 대학 3학년이던 김진수 선생은 80% 이상이 여학생인 일반사회교육과의 몇 안 되는 남학생 가운데 하나였다. 똑똑하고 드센 여학생들이 많은 과 분위기 속에서 유난히 부끄럼이 많았던 것 같다. 토론을 할 때도 말수가 적었고, 억지로 발표를 시키면 얼굴이 발그스름해지는 순진한 학생이었다.

그런 김진수 선생이 전교조에 가입을 하고 끝까지 신념을 굽히지 않은 채 해직을 당했다는 소식을 듣고 나는 놀랍고도 신선한 충격을 받았다.

전국교직원노동조합이 결성되던 초창기에 언론은 연일 교

사들을 '좌경용공 세력'으로 몰아갔다. 가입교사의 가족들을 협박하여 전교조를 탈퇴하게 하는 일이 벌어졌고, 노조결성에 앞장섰다는 이유로 교육감이 교사를 고발하고 학교 측의 사주를 받은 학부모가 교사를 고발하는 사태까지 벌어졌다. 전교조에 대한 탄압이 본격화되면서 교사들의 대량 해직사태가 벌어졌다. 1989년 9월 초까지 1천 5백 명 이상의 교사들은 해직되어 거리로 쫓겨났다.

학교에서 쫓겨난 교사들의 고충은 이루 말할 수 없었다. 부산지역에서도 70여 명의 교사가 해직되었는데 그중에는 김진수 선생을 비롯해 내가 가르친 제자들도 포함되어 있어서 스승으로서 매우 참담한 심정이었다. 어떻게든 내가 도움이 되어야겠다는 생각이 들었다. 그래서 해직교사인 신종권 선생과 부산교사협의회 회장을 지낸 이광호 선생 등과 함께 전교조후원회를 만들기로 하고 준비에 들어갔다. 당시 부산경남민교협 회장이었던 하일민 교수와 조성래 변호사, 조창섭 목사가 공동대표를 맡고 나는 총무를 맡아 나름대로 최선을 다했다. 이 모임에서는 그림전시회 등의 행사를 열어 전교조 해직교사들을 지원했다. 당시 전국 최초로 만들어진 부산의 전교조후원회는 다른 지역의 주목을 받는 성과를 내놓으면서 서울을 거쳐 전국으로 확산되었다.

1993년 김영삼 정부는 전교조 탈퇴를 조건으로 한 해직교사 복직안을 내놓았다. 전교조 해직교사들은 교직을 누구보다 사랑했고, 그래서 참다운 교육을 실현하겠다며 해직되는 것까지 불사했던 사람들이었다. 그러니 다시 학교로 돌아가서 아이들을 만나고 가르칠 수 있는 이런 기회가 오기를 얼마나 기다렸겠는가. 대부분의 해직교사들이 복직을 결정했다. 그런데 김진수 선생은 '이것은 우리가 원하는 복직이 아닌 것 같다'며 복직을 망설였다. 나는 김진수 선생을 만나 학교로 돌아가 아이들 속에서 참교육을 위한 보다 구체적인 실천을 하는 것이 좋지 않겠느냐고 진심을 다해 권유했고 나의 노력이 헛되지 않았는지 복직을 결정해서 좋은 선생님으로 나의 든든한 교육동지로 남게 되었다.

*

전교조 해직교사 중에 또 한 명의 잊히지 않는 사람이 있다. 신용길 선생이 바로 그분이다. 신용길 선생은 교원노조 결성대회에서 축시를 낭송했다는 이유로 해직되었다. 해직 후 출근투쟁을 벌이다 국가공무원법 위반 혐의로 구속되었는데, 구치소에서 구속에 항의해 단식투쟁을 벌이다 위궤양이 악화돼 병보석으로 풀려났다. 그때 건강을 잃은 것이 점점 악화되어 결국 위암으로 이어졌고, 병고를 끝내 이기지 못한 채 서른다섯 젊은 나이에 세상을 떠났다. 1991년 3월, 그가 세상을 떠났을 때는 그를 비롯한 여러 해직교사들이 아직도 학교로 돌아가지 못하고 있었다. 죽음을 앞두고도 이런 사실을 가슴 아파하던 신용길 선생은 '눈만이라도 남아 동지들이 복직하는 모습을 지켜보고 싶다'며 동아대병원에 두 눈을 기증해 남겨진 사람들의 가슴을 무척 아프게 했다.

부산대 국어교육학과를 졸업한 신용길 선생은 학창시절 문학 이외의 사회적 현실에 대해 크게 관심을 기울이지 않은 채 평범한 대학생활을 하였다고 한다. 그러나 교육현장에 발을 내딛고 1987년 6월 항쟁을 거치면서 우리 교육에 문제가 얼마나 많은지 몸으로 깨달으며 열정적으로 전교조 활동을 하게 되었다.

1990년 여름에 전교조와 민교협 간부들의 합동수련회 자리에서 신용길 선생은 '교과연구소 설립'을 위한 토론을 제안했다. 신용길 선생은 어느 선생님보다 교과연구에 열심이었다. 그때 나는 필요한 기금을 마련하는 것도 쉽지 않고 여러 가지 현실적인 어려움이 있으니, 연구소 결성을 서두르기보다는 교과모임을 보다 활성화하는 것이 더 좋지 않겠느냐는 의견을 냈다.

부산민주공원에 전시된 6월항쟁 사진을 보며
회상에 잠긴 모습

신용길 선생이 세상을 떠나고 나서 나는 그때의 일이 마음에 걸렸다. 현실적 어려움을 들어 그의 제안을 거부한 것에 대해 후회가 됐다. 그나마 다행인 것은 허평길 교수와 이광호 선생 등을 주축으로 교과과정을 전문적으로 연구하는 '부산교육연구소'를 설립함으로써 뒤늦게나마 당시 신용길 선생의 뜻을 이어갈 수 있게 됐다는 것이다.

노동자들과 함께한 시간들

1987년 6월 민주항쟁 이후 시국선언에 참여했던 대학교수들을 주축으로 지역연구자들의 모임이 만들어졌다. 사회학, 역사, 철학 등을 공부하는 여러 연구자들이 모여 눈으로 보고 직접 경험한 우리 사회의 의미 있는 변화를 보다 큰 틀에서 바라보고, 사회적으로 필요한 실질적인 연구 활동을 수행할 필요성을 절감하면서 만들어진 모임이었다.

이미 1985년에 결성되어 활발한 활동을 벌이고 있던 대구의 '지방사회연구회'를 모델로 하여 부산경남의 연구자들이 모여 1988년 4월에 '지역사회연구회'를 결성하였다. 지역사회연구회는 한 달에 한 번씩 열리는 연구발표회를 통해 지역사회의 현안 문제에 대해서 또는 개별 연구자들이 관심을 갖고 연구하는 문제에 대해 열띤 토론을 벌였다.

1992년에 박사논문을 제출하고 다소 홀가분해진 나는 '부산지역'에 대해 보다 깊이 있게 연구할 계획을 세우고 있었다. 그러던 차에 '지역사회연구회'에서 함께 연구 활동을 했던 사회학자들 사이에서 노동문제에 대해 보다 구체적으로 연구하는 모임을 만들어보자는 제안이 있었다. 그 과정에 자연스럽게 만들어지게 된 것이 영남노동운동연구소다.

영남노동운동연구소는 연구자들이 주가 되는 다른 연구소들과 달리 노동문제에 관심을 가지는 변호사와 노동문제 전문가를 비롯한 연구자들과 현장의 노동조합에서 중심적인 활동을 하고 있던 간부들이 함께 참여하여, 노동현장의 문제에 대해 함께 토론하고 구체적인 대안을 모색하는 독특한 구조를 가지고 출범을 했다.

연구소 출범 이후 나는 8년 동안 소장직을 맡아 활동을 했고, 2006년 연구소가 문을 닫을 때는 이사장직을 맡고 있었다. 2006년 12월 연구소가 다달이 내는 『연대와 실천』 통권 150호를 발간하는 것을 마지막으로 영남노동운동연구소 활동을 마무리하기로 결정했을 때 연구소의 해산을 아쉬워하는 사람들이 많았다. 그동안 진보적인 연구자들과 노동현장이 유기적으로 결합되어 오랜 기간에 걸쳐 많은 실천적 성과물을 만들어왔던 연구소가 이렇게 해산을 결정하게 된 데는 크게 두 가지 이유가 있었다.

연구소 출범 초기와 달리 노동현장의 변화 속에서 노동현장의 다양한 요구들에 책임 있게 대응하기 어려워졌고, 무엇보다도 연구자들의 재생산이 어려웠다. 인적 자원이 부족한 지방에서 그나마 노동문제에 대해 관심을 가지고 공부하려는 연구자들이 많지 않아 기존 연구자들에게 과부하가 걸릴 수밖에 없는 상황이 지속되었다. 아무리 출중한 연구자라 해도 몇이서 노동계에서 제기되는 다양한 과제를 해결하려면 한계가 있을 수밖에 없었다. 그러나 애초에 연구소가 출범하면서 설정했던 과제들이 불충분하기는 하지만 어느 정도 실현되었기 때문에 그나마 위안이 됐다.

1994년에 문을 연 영남노동운동연구소는 해산될 때까지 12년간 지역노동운동의 발전에 나름대로는 뜻있는 일들을 많이 해왔다. 특히 연구소가 발간한 산별노조와 관련된 각종 자료와 책자는 산별노조운동의 불모지나 다름없는 우리 노동운동의 척박한 토양 속에서 소중한 밑거름이 되었다. 국내외의 여러 사례들과 연구자들의 관점과 대안이 제시된 연구결과나 각종 연구 자료들은 노동현장에서 교육이나 홍보 분야에서 다양한 형태로 활용되었다. 간간이 교수들의 논문 표절 사건이 언론에 오르내리고 있었지만, 연구자들은 자신들의 연구 성과를

"가능한 한 많이 도둑질해 가라"고 주문했고, 실제 노동현장에서 필요한 연구 자료들이 절실했던 노동현장 활동가들은 "배워서 남 주자"며 연구자들의 노력과 헌신에 화답했다.

영남노동운동연구소가 설립되고 얼마 되지 않았을 때는 매우 어려운 고비도 있었다. '한국사회의 이해' 사건이라 불리는 일로 함께 했던 몇몇 연구자들이 좌경용공시비에 휘말렸다. 경상대학교 정진상 교수 등이 집필했던 『한국사회의 이해』라는 교재가 이적표현물로 낙인찍혔고, 이 일은 대법원에서 무죄판결이 남으로써 학문과 사상의 자유를 침해한 공안당국의 음모였다는 것이 밝혀졌다.

이 일로 연구소에 참여했던 다른 연구자들도 상당한 위험을 느꼈지만 무엇보다도 고초를 겪었던 사람들은 대법원 판결로 누명을 벗을 때까지 11년 동안 사상이 의심되는 붉은 교수라는 딱지를 달고 살아야 했던 정진상 교수 등이었다. 그렇게 공안정국의 필요에 의해 무고하게 표적이 되었던 『한국사회의 이해』라는 교재는 폐강된 지 11년 만에 경상대 교양강의로 되살아나 학생들 앞에 선보일 수 있었다.

이런저런 어려움과 보람들이 함께 녹아 있는 영남노동운동연구소를 생각하면 아쉬움이 없는 것은 아니지만, 인간사에 영원불멸한 것은 없다. 어떤 긴급하고 중요한 시대의 필요와 요구에 따라 만들어진 것들이라도 어느 정도 제 역할을 다하면 스스로 낡은 틀을 깨고 새로운 틀을 모색하는 노력이 필요하고, 다음 사람들이 더 나은 성과를 이어줄 것을 믿으며 용기 있게 내려놓을 줄도 알아야 한다. 그것은 인생사에서도 어떤 사회적인 활동에서도 마찬가지가 아닌가 생각된다. 우리가 영남노동연구소를 해산하면서 약간의 남은 재정과 기타 자산들은 창원의 노동사회교육원로 이관하고 후속작업의 진행을 당부했던 것도 바로 그런 맥락이 아니었을까 싶다.

연구소의 출범과 해산을 거치는 동안에 나는 본의 아니게 연구자이자 교수로서 노동계에 여러 가지 요청들을 받아들이고 깊이 들여다볼 기회가 많았다. 영남노동연구소의 활동에 덧붙여 부산지방노동위원회 공익위원으로 각종 노사분쟁을 조정하는 일을 하기도 했고, IMF 이후에는 민간, 노동계, 학계가 참여하는 '실업대책협의회'에 참여해 부산시, 부산지방노동청, 부산지방중소기업청 등 행정기관들로부터 실업대책 추진상황을 보고 받고 문제점을 검토해 대책을 마련하는 데 미약한 힘이나마 보태기 위해 애를 썼다.

그동안 많은 시간이 흘렀다. 우리 사회가 민주화되고 노동운동이 활성화되면서 실질임금이 인상되고 노동조건이 좋아지는 등 노동자들의 삶이 다소 나아지기도 했다. 그러나 최근에 와서 고용의 질과 소득분배구조가 갈수록 악화되고, 비정규직과 정규직 문제 등 또 다른 문제들이 풀어야 할 숙제로 우리 곁에 다가와 있다. 이런 우리 노동현실의 문제는 어려운 살림살이를 영위하고 있는 대다수 서민들이 당면한 문제이자, 한창 커가고 있는 다음 세대들의 미래나 삶의 질과도 떼려야 뗄 수 없는 것이다. 많은 이들이 관심을 갖고 함께 해법을 찾아가는 노력이 절실하다고 생각한다.

부산시장 선거에 출마했던 이유

"아빠 때문에 창피해서 학교가기 싫어요. 너희 아빠는 떨어질 게 뻔한 데 왜 또 나왔냐며 친구들이 놀려요."

풀이 죽은 표정으로 던지는 아들의 말이 가슴 아팠지만 나는 아무 대답도 할 수 없었다. 부산시장에 두 번, 국회의원에 한 번 출마하면서 이런 일은 새삼스러운 것이 아니었다. 그런데 늘 바빠서 실컷 한번 놀아주지도 못하고 제대로 챙겨주지 못하고 키운 것 같아 항상 마음에 걸리던 아들 녀석에게서 그런 말을 들었을 때는 참 심경이 착잡했다. 내가 뭐라 설명을 해도 이해하기가 쉽지 않을 것이니 그냥 희미한 미소를 띠며 아이를 안심시킬 수밖에 없었다.

우리 사회에서 민주화의 성과들이 어느 정도 결실을 맺고, 지방자치시대가 열리면서 정치나 행정 분야에서도 많은 변화가 있었다. 당장 눈으로 확인할 수 있는 변화는 선거 때마다 나서는 후보들의 면면이 예전과는 많이 달라졌다는 것이다. 구의원이나 시의원 선거뿐 아니라 시장이나 국회의원 선거까지도 소위 지역유지라고 할 수 있는 극소수의 재력가나 실력자, 고위 행정관료 출신들이 주를 이루던 상황이 어느 순간 달라졌다. 진보적인 지식인, 시민운동가, 여성운동가 등 점점 다양한 후보들이 나오는 상황으로 변모해왔다.

그중에서도 단연 후보로 많이 나오는 사람들이 대학교수 경력자들이 아닌가 싶다. 그래서 '폴리페서'라는 용어도 생겨나고 곱지 않은 시선으로 보는 경우도 많다. 폴리페서는 교수 본연의 역할인 가르치는 것과 연구하는 것은 제대로 하지 않고 정치권으로 기웃거리며 권력에만 관심을 두는 지식인들을 꼬집는 말이다. 나 또한 선거후보로 나설 때마다 폴리페서가 아니냐는 의심의 눈초리를 피할 수 없었다.

하지만 나는 스스로 떳떳했기 때문에 그리 마음에 두지 않았다. 나는 대학교수직을 발판으로 입신양명을 꿈꾸면서 정치에 몸을 던진 것이 아니었다. 또 자리욕심 때문에 정치참여를 지속했다면 지난 2010년 지방선거에서 후보단일화에 나서지도 않았을 것이다. 당시 내가 소속되었던 정당에서는 당론에서 어긋난다고 징계해야 한다는 말도 하였지만, 나는 그런 말에도 게의치 않고 단일화에 대한 확실한 의지를 표명했다. 아마도 그때부터는 나에 대한 오해의 시선이 상당히 사라졌고, 나의 진정한 뜻을 헤아리는 사람들도 제법 생겨났던 것으로 생각된다.

*

그동안 다른 사람들이 의아해 할 정도로 여러 번 선거후보로 나간 것도 그만한 사정이 있었다. 처음 출마했던 2002년의 지방선거는 대통령선거의 결과와 연결되는 중요한 선거였다. 이 선거에서 진보진영이 일정한 성과를 내지 못하면 지역에서 그동안 계속되었던 보수진영의 독주가 고착화되어갈 상황이었다. 특히 지방선거는 시장선거를 중심으로 진행되는 경향이 없지 않아서 진보진영에서 시장후보를 출마시키고 활발하게 움직이지 않으면 안 된다는 여론이 많았다. 나 또한 지방선거 과정에 시장 후보를 출마시키고 가능한 한 다수의 시의원을 출마시켜서 적극적으로 부산의 정치행정 풍토를 바꾸고 균형을 잡아가야 한다는 의견에 동의했다. 선거에 적극적으로 대응할 것을 주장하였다.

그런데 막상 후보를 물색하는 과정에 들어가니 아무도 나서는 사람이 없었다. 선거후보로 내세울 만한 사람들이 모두 이런 저런 이유를 들어 시장 후보로 나서는 것을 극구 사양했다. 결국 그 역할이 나에게 넘겨졌다. 사양할 수만 있다면 사양하고 싶은 것이 솔직한 심정이었다. 부산대 교수로 재직하면서 한 사람의 진보적 지식인으로서 나름대로 다양한 활동을 해오긴 했지만, 내가 직접 정치 일선에 뛰어들 것은 전혀 생각하지 못한 일이었다. 더군다나 부산시장 후보가 될 줄은 꿈에도 생각하지 못했다. 하지만 도저히 다른 대안이 없다는 주위의 설득을 이기지 못하고 나는 결국 시장 후보로 나서기로 했다.

아내를 비롯해서 주위에서 나를 아끼는 많은 사람들이 염려를 하는 상황에서도 끝까지 내가 사양을 하지 못한 것은 대학시절에 자신의 모든 것을 버리고 감옥으로 끌려가거나 청춘의 꿈을 땅에 묻었던 벗들에 대한 빚진 마음 때문이었다. 그동안 열심히 산다고 나름대로는 애를 썼지만, 그들과 함께 했음에도 그들을 따라가지 못하고 대학교수가 되어 남들보다 상대적으로 편안하게 살아가는 내 자신을 돌아본 것이다.

그냥 가만히 하던 일이나 잘하고 있어도 그리 나쁘지 않을 테지만, 많은 이들이 지금 내가 꼭 필요하다는데 좀 구겨지고 망가진들 대수일까 싶었다. 그동안 마음속에 늘 원죄의식처럼 자리 잡고 있던 벗들에 대한 빚진 마음을 조금이라도 갚을 수 있다면 그것으로 족할 것 같았다. 특히 내가 몸담고 있는 부산은 보수 정치세력의 장기간 독점으로 활력을 잃어버리고 서민의 삶의 질이 갈수록 후퇴하고 있었다. 선거를 통해 진보 진영이 힘을 길러 건강한 균형과 견제가 이루어지도록 하기 위한 또 다른 방식의 실천이 필요한 시기였다. 그렇게 나는 쉽게 이길 수 없는 선거에 후보로 나서게 됐다.

정작 후보로 나서고 나니 무슨 일을 어떻게 해야 할지 몰라 막막했다. 지역 언론사의 여론조사 등에서도 나의 인지도가 아주 낮은 것으로 나타났다. 그동안 TV토론 프로그램의 사회도 여러 번 보고, 라디오방송의 시사프로그램 앵커도 맡았으며, 여러 가지 활동을 통해서 언론에 적지 않게 노출되었음에도 불구하고 나를 알아보는 시민들이 거의 없었다. 내가 정치판에서 잔뼈가 굵었던 사람이 아니니 어느 정도는 예상되었던 일이었고, 그럴수록 나는 열심히 쫓아다녔다. 그리고 대다수 서민들의 삶을 근본적으로 개선하고 점점 쇠퇴해가는 부산이라는 도시를 되살릴 방안과 정책들을 지금과는 다른 시각에서 제시하고자 노력했다. 진보정치인으로서 김석준은 대안 없는 반대만 하는 것이 아니라 분명한 대안을 갖고 정책을 제안함으로써 지역사회에서 합리적인 진보정치인으로 인정받아왔다고 생각했다. 모두가 예상했던 대로 당선이 되진 않았지만 2002년 부산 시장 선거에서 16.8%라는 예상 밖의 득표율을 얻었고, 그 결과에 대해 많은 이들이 놀라워했다.

*

2006년 시장선거에서도 처음 출마할 때와 비슷한 상황이 벌어져 결국 내가 후보로 나서지 않을 수 없게 되었다. 처음 출마했을 때 아내는 나의 출마를 별로 달가워하지 않았다. 다른 건 몰라도 정치일선에 뛰어드는 것은 나를 누구보다도 잘 알고 염려하는 아내로서는 받아들이기 힘든 일이었다. 그러나 내가 한 번 정한 이상 쉽게 뜻을 굽히지 않을 것이라는 걸 누구보다 잘 아는 아내였기 때문에 이번 한 번만이라며 묵인해주었다. 그런데 또 다시 출마를 거론해야 하는 상황이니 한참을 고민했다.

그러다가 미처 아내에게 말을 꺼내지도 못하고 출마선언을 하게 됐다. 신문을 통해서 출마소식을 접하게 된 아내의 반응은 차가울 수밖에 없었다. 속으로 많이 미안하기도 해서, 사실 두 번째 시장선거 기간 내내 아내의 눈치를 보면서 선거를 치렀다. 그래서 아내가 "어차피 떨어질 거니까" 하며 사기를 북돋아주기는커녕 기죽이는 말들을 던질 때도 묵묵히 견딜 수밖에 없었다.

아내는 내가 어떤 일을 하든지 크게 관여하거나 반대하는 일이 별로 없다. 또 자신의 일에 대해서도 스스로 알아서 하는 일이 많고, 그렇게 우리 부부는 적극적으로 서로 내조하거나 외조를 하는 타입이라기보다 각자 자기 일에 충실한 것이 불문율처럼 되어 있다. 그것이 우리에게는 극히 자연스러운 일이었다. 그런데 막상 선거후보로 나섰을 때는 몸이 열 개라도 모자랄 판이어서 다른 후보들처럼 아내가 조금만 도와줬으면 하는 마음이 없지 않았다. 하지만 차마 내 입으로는 그런 의중을 꺼내놓기가 어려웠다. 아내는 냉정하다는 오해를 받을 만큼 집에서, 또 대학에서 자신이 해야 할 일에만 충실했다. 선거를 치르는 중에 여느 후보들처럼 사람들을 같이 만나러 다니는 것은 물론, 선거사무실에 얼굴조차 내비치는 법이 없어서 아내의 강단도 나 못지않다는 걸 새삼 느끼게 됐다. 한 번은 지역신문에서 시장후보 부인들의 인터뷰 기사를 기획하고 있었는데, 아내가 끝내 인터뷰에 응하지 않아서 결국 그 기획 자체가 무산되는 일도 있었다.

*

이런 아내의 반응을 보며 나는 여러 가지 생각이 떠올랐다.

나를 누구보다 믿고 사랑하는 아내가 왜 그렇게 비협조적이었을까. 무엇보다도 내가 현실정치판에서 받을 상처나 고통들을 생각해서 극구 말리지는 못하지만, 빨리 그런 상황이 지나가기를 기다리는 심정으로 나를 지켜봤을 것이다. 그리고 또 한편으로는 우리 국민 대다수가 느끼는 것처럼 정치에 대한 강한 실망의 표현이었을 것이라는 생각이 들기도 한다. 우리 사회에 만연한 정치혐오증은 일면 진실을 포함하고 있고 타당한 면이 많기 때문에 나는 그런 심정을 충분히 이해할 수 있다. 나는 그런 염려들을 조금이라도 줄여보고 싶었다. 그래서 선거에 나갔을 때조차 교육자로서 나의 기본적인 책무를 결코 가볍게 생각하지 않았다. 연구도 게을리하지 않았고, 학생들을 가르치는 일도 소홀히하지 않았다.

한번은 내 수업을 듣는 학생 하나가 나의 선거사무실에서 자원봉사를 한다는 걸 핑계 삼아 리포트를 계속 제출하지 않았다. 나는 그 학생에게 전화를 걸어 빨리 리포트를 내라고 닦달했고, 그 일로 많은 사람들에게 유별난 사람이라는 소리를 듣기도 했지만 나는 내 생각을 바꿀 생각이 없었다. 옛날 병서에 보면 성을 지키는 사람보다 성을 공격하는 사람은 병력이나 화력이 3배 이상 되어야 한다는 이야기가 있다. 따라서 세상을 보다 나은 곳으로 바꾸고자 하는 뜻을 가진 사람은 어찌 보면 성을 공격하는 사람들이다. 그러므로 최소 3배 이상 더 노력을 하고, 주어진 모든 일에 최선을 다해야 한다고 생각한다.

*

지금도 정치에 대해 좋게 이야기하는 사람이 드물다. 정치인이라면 대놓고 욕부터 하는 사람도 많다. 이런 정치 혐오는 충분히 근거가 있는 것이긴 하지만, 한편으로 곰곰이 생각하면 이런 정치에 대한 외면으로 결국 손해를 보는 것은 누구일까.

사실상 정치는 따로 떨어져 있는 것이 아니라 우리 삶의 문제와 긴밀히 연결되어 있다. 정치는 정치인들만 하는 것이라는 생각은 잘못된 생각이다. 한 사회에서 건강한 정치풍토가 만들어지려면 다양한 삶의 현장에서 쌓은 능력과 지혜들이 정치 속에 녹아들어가야 한다. 평범한 페인트공이 시장이 되는 것이 흔한 일이어서 별로 놀라지도 않는 독일 국민들처럼 우리도 노동자, 주부, 농부 등 다양한 층에서 정말 공익을 위해 일해보고 싶은 사람들이 선거에 나오고 정치인이 되기도 할 때 정치 선진화가 이루어진다. 그러므로 교수출신의 전문적인 연구자들이 자신이 가진 전문지식을 공동체를 위해 사용하고

자 나서는 것이 결코 잘못된 것은 아니라고 생각한다. 정치가 발전된 다른 나라에서는 연구자들이 학문과 정치의 세계를 오가는 일이 매우 흔한 일이다. '노동의 종말'을 쓴 로버트 라이히는 클린턴 정부 때 장관직을 역임하고 지금은 대학교수를 하고 있다.

느린 걸음으로 부산을 걷다

인구는 물론 지식과 교육, 정치와 권력, 부와 경제력에 이르기까지 모든 분야가 서울로만 집중되는 수도권 집중 문제가 어제오늘의 일은 아니다. 그로 인해 부산은 우리나라 제2의 도시라는 이름이 무색할 정도로 점점 활력을 잃고 쇠락의 길을 걷고 있다.

도시는 단지 어떤 물리적인 공간을 의미하는 것이 아니다. 한 도시의 흥망성쇠는 그 속에 살아가는 사람들의 삶의 지형이나 삶의 역사를 바꿔놓는다. 그래서 수도권 집중문제를 어쩔 수 없는 것으로 받아들이고 마냥 체념하고 있을 수만은 없다. 우리 스스로가 서울만 바라보지 말고 나름의 독자적인 정체성을 갖는 움직임이 필요하다.

그동안 내가 '부산학 박사'라는 별칭을 얻을 만큼 부산에 대한 연구를 계속하고 부산학의 필요성을 역설했던 것도 그런 문제의식에 대한 하나의 실천이었다. 2000년 한 학술세미나에서 나는 부산학 연구센터 설립을 제안하기도 했다. 그리고 그 이듬해에 부산시 도시혁신연구위원회 내에 부산학 분과가, 2002년에는 부산발전연구원과 신라대학교에 부산학 연구센터가 만들어졌다. 이렇게 많은 사람들이 나름대로 부산의 오늘과 내일을 걱정하며 부산에 대한 연구와 재조명, 부산을 사랑하는 일에 초석이 될 만한 일들을 지속하고 있다.

날이 갈수록 부산이 부쩍 활력을 잃고 시들어가는 것 같아 안타까운 마음을 감출 수가 없다. 몇 년째 전국 최저의 출산율을 기록하고 있고, 실업률은 상위를 달린다. 갈수록 노인인구가 늘어나면서 노령화가 가속되고 있으며, 지역경제의 기반이 되는 생산시설은 도시 밖으로 빠져나가고 있다. 이런 현실에서 부산을 부산답게 지켜나가고 부산을 더 나은 도시로 만들어나가기 위한 많은 노력들이 필요하다. 부산에 대한 더 많은 사람들의 관심과 열정이 필요하다.

나는 학술적으로 부산의 오늘과 미래를 분석하고 대안을 제시하는 것도 좋지만, 부산 사람들의 부산사랑을 불러일으키는데 작은 기여라도 하고 싶은 마음이 많았다. 그래서 몇 년 전에 부산 구석구석을 발로 누비고 다니며 만든 『김석준, 부산을 걷다』라는 책을 한 권 낸 적이 있다. 이 책을 통해 나는 부산 사람들이 먼저 부산을 제대로 이해하고 부산을 생각하고 부산을 가슴으로 받아들이게 하고 싶은 작은 욕심이 있었다.

나는 이 책을 통해 부산을 있는 그대로 보여주려고 했다. 산업의 발전과 함께 번성하는 도시의 이면에서 우리들의 시선으로부터 소외되고 버려졌던 것들까지 따뜻한 시선으로 바라보며 우리의 오늘과 내일을 생각하게 하고 싶었다. 부산을 사랑하는 한 사람의 시민으로서 부산의 이곳저곳을 걸어 다니면서 느끼고 생각한 바를 내가 글로 정리하면, 부산 곳곳에 자리 잡고 있는 아름다운 풍광과 부산 사람들의 삶의 모습, 그리고 우리가 오랫동안 잊고 지낸 것들을 화덕헌 사진작가가 사진으로 담았다.

이 책 속에는 부산의 원초적인 풍경이라 할 수 있는 달동네의 풍경, 부산 사람이라면 누구나 옛 사진첩에서 한 장쯤은 발견할 수 있는 용두산공원의 모습, 연탄불과 나무의자를 놓고 꼼장어를 구워 먹던 자갈치시장, 보수동 책방골목과 동래동물원, 청사포 바닷가와 장산 폭포사 등 다양한 모습들이 담겨 있다.

그리고 한번쯤 다 같이 생각해 보아야 할 부산의 모습도 담았다. 아름다운 항구도시 부산이 자본의 욕망에 희생되어 가는 모습을 담고, 주상복합단지와 아파트촌으로 변해온 해운대 등을 걸어 다니며 진정한 도시재생의 길을 고민하기도 했다. 인디고서원이나 대안공간 반디, 느티나무도서관 같은 작지만 소중한 부산의 문화공간들까지도 놓치지 않고 둘러보려고 했다.

나는 이 책을 만들어가면서 부산을 어떻게 바꿀 것인가에 관한 거대한 담론이나 정책적인 구상도 중요하지만 보다 근원적인 힘이 필요하다는 생각을 많이 했다. 부산을 사랑하는 시민들의 더 많은 힘이 필요하고, 부산을 보다 나은 도시로 만들어나가기 위한 많은 이들의 열정이 그 어느 때보다 필요하다고 생각했다. 또 소위 우리 부산에서 사회지도층이라고 할 만한 사람들이 좀 더 따뜻한 시선과 느린 걸음으로 부산의 곳곳을 둘러보면서 진실로 부산 사람들에게 필요한 것이 무엇인지를 깊이 생각해 보는 기회를 한번쯤 가졌으면 하는 바람을 가져보기도 했다.

부산의 명소 중 하나인 자갈치 시장 주변 전경

영화 변호인과
노무현이 남긴 것들

영화 〈변호인〉은 개봉 직후부터 세간의 뜨거운 관심과 주목을 받았다. 신인감독의 첫 데뷔작인데도 불구하고, 개봉 닷새 만에 2백만 관객을 돌파하고 한 달여 만에 관객 천만 명을 넘기면서 화제를 불러일으켰다. 잘 알려져 있듯이 이 영화는 1981년 부산 지역에서 일어난 시국사건인 부림사건을 소재로 하고 있으며, 노무현 전 대통령의 인권 변호사 초기 시절을 그리고 있다.

영화 상영시간 내내 나는 뭐라 형언할 수 없는 갖가지 감정들이 일시에 들고일어나는 것을 느꼈다. 스크린 속에서는 익히 알고 있던 사건과 낯익은 인물들의 이야기가 펼쳐지고 있는데도 마치 몰랐던 진실을 처음 접했을 때처럼 신선한 충격을 받았다. 80년대 부산지역에서 민주화운동을 하면서 이런저런 인

연으로 노무현 전 대통령이나 부림사건에 연관된 사람들을 알게 된 사람들은 누구라도 나와 비슷한 느낌을 받았을 것 같다.

벌써 30년을 훌쩍 넘긴 이야기를, 두 시간이 넘는 긴 상영시간에도 아랑곳하지 않고 전혀 지루해하지 않고 관객들을 숨죽이며 몰입하게 하는 힘이 도대체 어디서 나오는 것일까 궁금했다. 영화가 끝나고 자리를 털고 나오면서 중학생부터 나이 지긋한 어르신들까지 다양한 관객층이 함께 영화를 보았다는 사실을 알고 또 한 번 놀랐다. 이렇게 나이와 시대와 공간을 초월해 많은 사람들이 공감할 수밖에 없는 삶의 족적을 남긴 한 사나이, 그의 내면에 늘 존재했던 순박하고도 진실한 힘을 재삼 확인하는 것 같아 숙연해졌다.

영화의 줄거리처럼 노대통령은 김해의 한 시골마을에서 태어나 부산상고를 졸업하고 사법시험에 합격해 법조인이 됐다. 가방끈 짧은 고졸 변호사로 고군분투하면서 세법전문변호사로 부산에서 제법 잘나간 적이 있었다는 것도 영화와 크게 다르지 않다.

1980년대에 영화 속 송우석 변호사처럼 아무도 맡지 않으려고 했던, 국가보안법 위반이라는 무시무시한 딱지가 붙은 부림사건의 변론을 맡으면 인권변호사로 거듭났던 것까지도 영화 그대로다. 영화는 거기서 끝이 났지만 그 이후에 보여준 그의 모습은 부산지역 민주화운동과정에 참여하거나 지켜보았던 모든 사람들에게 또 다른 감동으로 남아 있다.

부산의 거리에서 민주화를 요구하는 시위대열이 형성될 때마다 그는 제일 앞장서서 격하게 구호와 연설을 쏟아냈고, 민주화운동 과정에서 고초를 겪는 사람들을 부지런히 변론했다. 그런 그의 모습을 보고 외로운 싸움을 하고 있던 많은 대학생들이 힘을 얻었다. 소위 지식인층이라고 할 수 있는 사람들 중에는 온몸을 던져 거침없이 불의에 항거하는 그를 보고 부끄러운 마음으로 민주화의 대열에 열렬한 동참자가 된 이들도 있었다.

13대 초선 국회의원 시절, 5공화국 청문회에서 정연한 논리와 진심이 담긴 격분으로 5공화국 인사들을 꼼짝 못하게 했던 노 대통령의 모습은 그냥 나온 것이 아니었다. 그는 부산의 거리 곳곳에서 늘 그렇게 열정적으로 앞장서면서 서민들의 편에서서 영화의 주인공처럼 불의를 보면 당당하게 "이건 아니잖아요"를 외쳤던 사람이었다. 부산에서 지식인으로서 함께 민주화운동에 참여했던 인연으로 나는 그때 그 시절 그런 노대통령의 모습을 또렷하게 기억하고 있다.

1980년대 민주화운동이 한창이던 부산지역에서, 나는 지식인으로 시대적 사명에 충실하려는 비슷한 동기와 신념을 가진 노무현, 문재인 변호사 등을 자주 만났다. 또한 나와 같은 진보적인 성향의 학자들은 연구지원으로, 노무현, 문재인 변호사 등은 법률지원을 하면서 노동자들과 사회적 약자들의 벗이 되고 힘이 되어주려고 노력했다.

*

1990년 3당합당 직후로 기억된다. 그의 요청으로 부산지역의 여러 민주인사들이 한자리에 모인 적이 있었다. 그 자리에서 그는 YS가 부산시민들을 배반하고 군부독재와 한편이 되었으니, 대의와 양심을 걸고 살아온 민주인사들이 대거 정치일선에 나서자고 했다. 대부분의 부산지역 민주인사들이 침묵하는 가운데 나는 그와 다른 의견을 냈다. YS가 여당으로 넘어감으로써 이제 부산은 야도에서 여도로 바뀔 것이며, 지금 필요한 것은 민주인사들이 민주당에 입당하는 것이 아니라 현장에서 어려운 이들을 지키는데 힘을 쏟는 것이라고 주장했다. 그 후 격렬한 토론이 이어졌으나 우리는 서로가 만족할 만한 결론을 내지 못했다.

그 일로 전과 달리 나는 그와 많이 서먹한 사이가 되었고, 이후 각자의 방식으로 각자의 길을 걷게 됐다. 그런데 참 아이러니한 것은 노무현 대통령은 퇴임 이후 진보의 미래를 고민한

한 행사장에서 문재인 의원과 함께 국민의례를 하고 있는 모습

반면, 나는 선거에 여러 번 출마하면서 마침내는 야권 단일화에 주요한 역할을 하게 되었다는 점이다.

노무현 대통령은 재임 내내 참으로 많은 굴곡과 파란을 겪었고, 그를 둘러싸고 시끄러울 만큼 분분한 입장과 의견들이 오갔다. 그리고 돌연한 죽음으로 자기 생의 마지막 모습을 선택함으로써 많은 이들의 가슴에 슬픔과 안타까움을 남겼다.

여러 여론조사 결과를 보면 노무현 대통령은 박정희 대통령과 더불어 국민들에게 가장 존경받는 대통령으로 꼽히고 있다. 이런 현상에 대해서는 연세대학교 사회학과의 김호기 교수가 자신의 글을 통해 이야기했던 대로 "박정희와 노무현을 대표하는 시대정신은 산업화와 민주화"였기 때문이 아니었나 생각된다.

쿠데타로 권력을 장악한 박정희 대통령은 3선 개헌과 유신 선포로 민주주의를 짓밟았지만, 그의 경제정책은 선진 산업국가로 발돋움하는 데 주춧돌이 됐다. 그러나 그것으로 부족했던 중요한 것들, 인권과 민주주의 정신을 실현시키는 것이 바로 노무현 대통령이 추구했던 시대정신이 아니었나 하는 생각이 든다.

그는 자칫 오해를 살 만큼 파격적이고 진보적인 행보를 했던 것 같지만, 실은 상식과 원칙이 통하는 사회를 건설하고자 했던 것이었다. 정책을 입안하고 추진하는 행정가, 한 나라의 지도자로서의 노무현은 좌절하고 실패했을지도 모르지만, 그에 대한 온전한 평가가 이루어지려면 아직은 시간이 좀 더 필요한 것 같다.

그러나 중산층과 서민의 벗으로서 인권과 민주주의, 사회적 약자보호에 대한 그의 따뜻한 입장은 늘 한결같았다는 것만은 틀림없는 사실이다. 또한 세계화와 정보사회의 진전에 따라, 우리 사회가 좀 더 개방적이고 탈권위적이고 민주적인 구조로 바뀌어야 하며, 그런 국제 정세의 변화를 국정 운영에 반영하고자 상당히 노력했던 점은 새롭게 평가되어야 할 것 같다. 그리고 무엇보다도 노무현 정부가 행정수도 이전, 공공기관 이전 등과 같은 획기적인 방법을 통해서 지역균형발전에 선구자적인 역할을 하려 했다는 것은 높이 평가해야 할 일이다.

그래, 문제는 교육이야

최근 몇 년 동안 나는 전과 달리 생활에 여유가 좀 생겼다. 그래서 지나온 길들을 돌아보기도 하고, 앞으로의 일에 대해 차분히 구상도 해보았다. 그 시간들은 나에게는 더없이 소중했고, 전에는 미처 보지 못한 것들을 돌아볼 수 있는 좋은 계기가 됐다. 그리고 '앞으로는 내가 제일 잘할 수 있는 일, 사범대 교수 30년 경력을 살려서 교육 분야에서 기여하고 싶다'는 결심을 하게 되었다. 그런 나의 결심에 불을 붙인 것은 다름 아닌 김상곤 교수였다.

김상곤 교수는 2009년 보궐선거를 통해 경기도 교육감에 당선됐다. 교육감이 된 후에 그는 보수적인 교육계 분위기와 정당의 이해관계에 따라 반대를 일삼는 정치인들의 거센 반발에도 묵묵히 자신의 정책을 하나씩 실현해나갔다.

‘무상급식’, ‘학생인권’, ‘혁신학교’ 같은 혁신적인 개념들을 제시하고 구체적으로 실행에 옮겼다. 그가 제시한 대안 하나하나가 뜨거운 논쟁에 휘말렸고, 몇 건씩 소송까지 당하면서 법원을 수없이 들락거렸지만 뚝심 있게 모든 저항과 논쟁을 정면으로 돌파해나갔다. 김상곤 교육감의 혁신학교 바람은 갈 길을 몰라 안개 속을 헤매던 일선 학부모와 교사들로부터 큰 호응을 얻었다. 결국 교육계에서도 관심을 갖지 않을 수 없게 되었고, 지금까지 계속되고 있는 혁신학교 바람은 우리 교육사에서도 매우 중요한 의미를 지닌 성과들을 지속적으로 쌓아나가고 있다.

내가 한신대학교 교수 출신인 김상곤 교육감를 처음 만난 것은 1980년대 민교협이라고 불리던 ‘민주화를 위한 전국교수협의회’ 단체에서 함께 활동하면서부터였다. 민교협 창립 초창기에 나는 부산경남 민교협의 사무총장을 거쳐 대표를 맡고 있었고, 김상곤 교육감은 전국 민교협의 사무총장을 거쳐 대표를 맡고 있었다. 그래서 자주 실무적인 협의를 하면서 두터운 친분을 쌓아갔다. 1990년대 들어서 내가 영남노동운동연구소를 중심으로 노동문제에 관심을 가질 때 김상곤 교육감도 비슷한 관심사를 가지고 다양한 활동을 벌이고 있었다. 한국산업노동학회 회장, 전태일을 따르는 사이버노동대학 총장 등을 맡아 활동했던 그의 경력이 이런 사실을 뒷받침 해준다.

김상곤 교육감이 만들어내는 경기도 혁신학교들의 성과는 연일 언론을 통해 보도되었다. 그 보도들을 접할 때마다 나는 좀 부끄러운 마음이 들었다. 경영학 교수였던 그가 대한민국 교육계에 새바람을 불러일으키고 있는데 나는 뭐하고 있나 싶은 생각도 들었다. 학생도 교사도 갈수록 고달파지고 있는 학교의 현실을 누구보다 잘 알고 있는 나였다. 사범대에서 내게 배우고, 졸업 후에 교사로서의 길을 가고 있는 많은 제자들과 함께 갈수록 희망이 아닌 절망이 되어버리고 있는 우리 교육현실을 개탄하며 처절한 심정이 들 때가 한두 번이 아니었다. 학생들은 공부가 즐겁지 않고, 학부모들은 사교육비로 허리가 휘고, 교사들은 다음 세대를 키운다는 보람을 잃어버린 지 오래다. 더 늦기 전에 부산에서도 우울하기만 한 교육현장을 꿈과 자부심과 희망이 꽃피는 곳으로 바꿔낼 수 있는 길을 찾아보자는 생각이 들었다.

*

나는 먼저 우리 부산의 교육실태에 대한 조사와 연구에 들어갔다. 시간을 내어 일선 학교에서 근무하는 제자들과 여러 시민단체의 회원을 만나면서 부산지역 일선 교사들과 학부모들이 안고 있는 고충과 고민들을 귀 기울여 듣고 함께 풀어갈 방법들을 구체적으로 고민하기 시작했다. 그리고 부산교육포럼과 같이 뜻있는 교사, 학부모, 시민들과 모여 함께 부산의 교육문제를 짚어보고 해결방안을 찾아가는 모임을 만들었다.

지난해 4월 부산교육포럼에서는 창립행사로 김상곤 경기도 교육감을 초청해 그동안에 그가 경기도에서 이루어왔던 혁신학교의 성과들을 나누는 소중한 시간을 가졌다. 김상곤 교육감은 부산에서 교육포럼이 만들어진다는 소식을 듣고 한달음에 달려왔다. 그날이 장기 해외 출장에서 돌아오는 날이어서 무척 피곤했을 텐데도 열정적으로 강연을 진행해 나는 그가 참 고마웠다.

김상곤 교육감은 연단 위 스크린에 파워포인트 자료까지 비춰가며 경기도에서 실행하고 있는 혁신학교의 원리와 성과들을 생생하게 전해주었다. 그가 이야기하는 경기도 혁신학교의 운영원리는 '경쟁교육을 협동 교육으로: 창의교육 시스템, 관리와 통제에서 자율과 자치로: 공동체적 교육과 학교자치 시스템, 고통에서 행복으로: 평화, 인권친화적인 학교공감문화 시스템'으로 간단하게 요약해볼 수 있다. 도무지 믿기지 않는 참 꿈같은 이야기다. 그런데 그것이 꿈이 아닌 현실에서 실현되고 있다는 것을 뒤이어진 다양한 혁신학교의 사례를 통해서 확인

부산을 바꾸는 시민의 힘 민들레 금정동래모임 창립 행사장에서
토크 콘서트를 하고 있는 모습

할 수 있었다.

2009년 9월에 처음 시작할 당시만 해도 경기도의 혁신학교는 초등학교 7곳과 중학교 6곳, 전부 13개 학교에 불과했다. 그런데 얼마 지나지 않아서 이들 혁신학교의 성과들이 널리 알려지면서 혁신학교를 요구하는 학부모와 교사들의 목소리가 높아졌다. 그리고 4년이 지난 2013년 9월에는 경기도의 227개 학교가 혁신학교가 됐다. 그리고 지금은 혁신학교의 모범을 더 확산시키려는 노력으로 혁신학교와 일반학교의 클러스터화를 활발하게 진행하면서 경기도 교육 전체로 그 성과를 확신시키고 있다니 참 부러운 일이 아닐 수 없다.

경기도 혁신학교의 모범 사례는 지난 지방선거를 통해 진보적인 교육감이 당선된 지역을 중심으로 전국으로 계속 확산되고 있다. 2012년 말 기준으로 경기도 이외의 시도에서 운영되고 있는 혁신학교 현황을 살펴보면 서울 61개, 광주 10개, 강원 41개, 전북 50개, 전남 40개교 등 모두 356개교이며, 전국 6개 시도의 초·중·고에서 혁신학교가 차지하는 비율은 5.9%에 달했다. 그 후로도 더 많은 학교들이 혁신학교로 지정되었으며, 이들 지역의 혁신학교들은 경기도의 혁신학교들과 마찬가지로 학부모와 교사, 무엇보다도 그 학교에 다니는 학생들로부터 매우 긍정적인 평가를 받고 있다. 전북 교육청에서 2011

년부터 초기 2년 동안 혁신학교로 지정 운영해왔던 50개 학교의 만족도조사에 따르면 학교교육에 필요한 다양한 분야에서 높은 만족도를 나타내는 것으로 조사되었다.

굳이 이런 통계자료를 들지 않더라도 언론을 통해서 혁신학교가 들어선 곳에는 그 학교에 자녀를 보내고 싶어 하는 학부모들이 장사진을 이뤄 주변 부동산 값이 급상승하는 기현상이 벌어지고 있다는 보도를 심심찮게 접할 수 있다. 이런 사실만 보더라도 혁신학교의 운영원리와 실현방안에 대한 고민은 반드시 필요한 일이라고 생각된다.

*

이런 전국적인 움직임과 달리 부산에서는 혁신학교를 아예 찾아볼 수가 없다. 우리나라 제2의 도시라는 부산에서 전국의 학부모들이 그토록 열광하는 혁신학교가 한 곳도 없는 현실이 참 서글프긴 하지만 그렇다고 전혀 희망이 없는 것은 아니다. 척박한 교육풍토 속에서도 바른 교육을 고민하는 교사와 학부모들에 의해 자율학교로 소중하게 가꾸어져온 금성초등학교의 사례가 있기 때문이다.

김상곤 경기도교육감이 혁신학교를 처음 구상할 때 모델이 되었던 학교는 경기도에 있는 남한산초등학교이다. 2009년에

이 학교는 MBC의 〈PD수첩〉이라는 프로그램에서 '작은학교 행복한 아이들'이란 프로그램을 통해 세상에 널리 알려졌다. 학교가 얼마나 신나고 재미있었으면 아이들이 "학교 가지 말라"라는 말을 제일 무서워한다고 하고, 친구처럼 다정한 선생님이 개구쟁이 아이들을 하나하나 세심하게 돌보면서 어떻게 하면 재미있게 지식을 전달할 것인지를 고민하며 즐거워하는 학교가 되었다. 그런 아이들과 선생님을 보면서 부모로서 한없는 행복감을 느끼고 기꺼이 학교를 위해 이런저런 봉사를 하는 학부모가 늘어났다. 우리 사회에서 전에 본 적이 없는 이런 학교의 모습을 직접 목격하면서 한동안 학교 홈페이지가 마비될 정도로 뜨거운 관심을 받고, 전학 문의가 폭주해 학교 업무가 마비될 정도로 시달렸다고 한다. 그리고 이런 남한산초등학교의 이상적인 학교의 모델은 혁신교육을 실현하고자 했던 김상곤이라는 진보교육감에 의해 경기도의 중고등학교까지 확산되어나갔다.

반면에 비슷한 시기에 출발했던 부산의 금성초등학교는 교육청의 행정적 지원 미비로 인해 점점 그 성과를 이어가기 힘든 상황에 놓여 있다. 금성초등학교 교사들은 학교 설립 초기에 경기도 혁신학교의 원조격인 남한산초등학교 교사들과 작은학교 연대를 통해 서로의 교육적인 고민들을 공유하고 함께 풀었다고 전해 들었다. 그때 남한산초등학교 교사들은 부산의 희망교육을 만들자며 모인 금성초등학교 교사들의 의지와 열정이 자신들보다 오히려 뛰어나다며 부러워했다고 한다.

그런데 지금 부산에서는 그런 교사들의 열정이 더 이상 성장하고 확산되지 못하고 있다. 그런 소중한 교육적 자산이 정체되고 있다. 이제 부산 시민들이 부산의 교육계가 교육의 본질에 충실한 것이 무엇인가를 고민하며 그들이 이뤄온 소중한 경험에도 관심을 기울일 때다.

4장

교육이 부산의 희망이다

한 아이도 포기하지 않는 교육정신

지난해 초 용인시의 한 고등학교 이야기가 중앙 일간지의 톱뉴스로 소개됐다. 이 학교는 2010년에 신설된, 인근에서 다들 기피하는 학교였다. 그래서 첫 해 입학생은 무려 36개 중학교에서 122명이 들어왔으나 정원을 다 채우지 못했다. 학생들의 내신 성적은 평균 120 이하였다.

다들 짐작하겠지만 지역에서 최하위권인 학생들만 끌어모아 출발한 학교였다. 평소 착실한 아이들도 사춘기가 되면 질풍노도의 시기를 겪는 것을 생각하면 이 학교의 분위기가 어땠을지 짐작하고 남을 것이다. 복도마다 담배 냄새가 진동했고, 가출이나 결석을 밥 먹듯이 하는 아이들도 많았다.

그런데 이 학교가 경기도 교육청에 의해 혁신학교로 지정되면서 달라졌다. 3년이 흘러 첫 해 졸업생이었던 소위 문제아들이 대학진학을 하게 됐는데, 졸업생 116명 가운데 4명만 빼고 모두 대학에 진학하는 놀라운 결과가 일어난 것이다.

그 3년 동안에 무슨 일이 있었을까. 이 학교의 변화는 혁신 학교로 지정될 때 혁신 교육에 관심을 가진 교사들이 모이면서 시작되었다. 교사들은 이런 기회에 참 선생 노릇 한번 해보겠다고 열심히 노력을 했고, 열성적으로 가르쳤다. 학생들을 폭언이나 폭력으로 다스리지 않기로 결정하고 인격적으로 대우했다. 아이들이 공부하기 싫다고 하면 수업을 하는 대신에 지리산에도 다녀오고, 아이들과 함께 부대끼며 놀았다고 한다.

그러자 불과 6개월 만에 아이들이 변하기 시작했다. 입학식 때 학생들한테 장미 한 송이씩을 쥐어줄 때만 해도 대다수의 아이들이 어리둥절했다. 중학교 때까지만 해도 성적이 나빠 무시당하기 일쑤였는데 학교에서 그런 대접을 받아본 것도 처음 있는 일이었다.

한 달 넘게 가출했다가 학교에 돌아온 아이를 퇴학시키는 대신 담임선생님은 "어디 갔다 왔니? 잘 왔다." 하며 학교만 나오라고 토닥거려주었다. 수업 시간에 잠을 자면 10번 넘게라도 깨워주면서 그렇게 교사들은 아이들을 믿고 기다림으로써 아이들의 꼬인 마음을 풀어냈다.

가르치는 내용도 여느 학교와 조금 달랐다고 한다. 1학년 때는 농촌 봉사활동을 다녀오고, 2학년 수학여행은 10~15명씩 팀을 이뤄 다녀왔다. 책 100권 읽기, 백두대간 종주하기, 인문학 토론 등을 학생들이 기획하고 참여하게 했다. 수업도 교사에게 일방적으로 듣는 방식으로 하는 것이 아니라 학생들이 서로 팀을 이루어 서로 가르쳐주고 협력하는 방식으로 진행했다고 한다. 아이들은 차츰 공부에 재미를 붙였고, 공부가 아니라 공부하는 방법을 배웠다. 이른바 자기주도 학습이 시작된 것이다.

일반적으로 이런 신설학교들이 제대로 정착되려면 적어도 5년 이상은 걸리는데, 교사들의 헌신과 노력이 더해지자 아이들은 빠르게 변화해 갔고, 개교 당시만 해도 기피대상이던 이 학교는 대학입시에서 놀라운 성과를 내면서 3년 만에 특목고라는 소문이 날 정도였다. 대학입시의 결과보다 더 주목할 만한 것은 아이들이 자존감과 자신감을 갖게 되었다는 것이다. 스스로 목표를 세우고, 부족한 것을 찾아 스스로 공부하는 법을 알게 되면서 아이들은 놀랄 만큼 성장했다. 이 학교 졸업생 중에 한 명은 자기 인생의 주인은 바로 자신이라는 걸 배우게 되면서 다른 친구들보다 대학생활을 더 잘하고 있다고 이야기한다.

물론 이 학교의 사례가 모든 학교에서 그대로 적용될 수 있는 것은 아닐 것이다. 또한 혁신학교의 모델이 우리 교육의 유일무이한 대안이 될 수는 없다. 지역이나 학교마다 다양한 방법이 나올 수도 있다. 하지만 이 학교 사례에서 우리가 놓치지 말아야 할 것은 어떤 정신을 가지고 교육에 임하는가 하는 것이다.

좋은 학교는 교육의 본질에 충실한 학교다. 교육은 아이들의 삶을 보다 나은 방향으로 이끌기 위한 것이다. 그러나 우리 교육은 오랫동안 단지 당장의 순위나 성적에만 눈을 돌리며 아이들을 속단하고 평가해 왔다. 아이들은 하나하나가 무한한 가능성의 씨앗이다. 그 씨앗이 갖고 있는 자발성과 개성을 학교라는 틀에 제대로 담아낼 수 있을 때 배움이 즐거운 학교, 학생도 교사도 성장하는 학교를 만들 수 있다. 이것이 책에서나 나올 법한 꿈같은 이야기가 아니라는 것을, 어른들이 어떤 생각과 태도로 교육에 임하는가에 따라 얼마든지 현실이 될 수 있음을 위에 언급한 고등학교의 사례가 잘 설명해주고 있다.

학교는 가고 싶은 곳이 되어야 한다. 학교에 가면 행복한 기분이 들 때 약간의 방법만 제시해주면 아이들이 스스로 알아서 배움의 길로 들어선다. 이런 교육에 대한 기본적인 생각이 뒷받침되지 않는다면 아무리 좋은 제도나 정책이 나와도 별 실효성이 없다.

대표적인 교육선진국인 핀란드는 "교육이라는 이름의 보트를 탄 아이들 중 단 한 사람이라도 물에 빠지게 내버려두지 않는다"는 것을 교육정책의 기본 가치로 삼고 있다.

우리도 이젠 교육의 패러다임을 바꿔야 한다. 어떤 인간도 포기되면 안 된다는 교육철학에 대한 기본적인 인식이 필요하다. 그것이 왜 중요할까. 내가 잘살고 우리 아이가 보다 나은 세상에 살기 위해서는 나의 이웃, 우리 아이의 이웃이 될 모든 아이들이 잘되어야 하기 때문이다. 부산에서도 이런 인식의 전환이 보다 많이 확산되고, 진정 본질에 충실한 교육이 무엇인가에 대한 논의와 그것을 실현시켜나가는 다양한 모델이나 성공사례를 하루 빨리 접할 수 있으면 좋겠다.

공교육을 살리는, 부산형 혁신교육

아이들 교육시키기가 힘들다는 소리를 참 많이 듣는다. 우리 교육이 이래선 안 된다는 비판도 많다. 그래도 형편이 되는 사람들은 외국유학 등 다른 길을 찾을 수 있으니 좀 낫다. 남다른 소신을 가진 부모들은 대안학교도 보내고, 홈스쿨링도 한다. 하지만 대다수의 서민들은 현실적으로 그런 선택을 하기 어렵다. 아무리 좋은 교육도 극소수만 그 혜택을 누릴 수 있다면 교육적으로도 크게 의미가 없다.

최근에 전국적으로 관심을 받고 있는 혁신학교가 갖는 가장 큰 장점은 보통사람들이 누구나 접근할 수 있도록 공교육의 틀 안에서 의미 있는 교육적인 변화와 성과가 이루어지는 것이라고 생각한다. 혁신학교를 대안학교, 심지어 특목고 같은 곳으로 오해하는 학부모들이 의외로 많은데 그렇지 않다. 교육청의 지원을 받아 공교육의 틀 안에서 이루어지는 혁신 교육이므로 학부모들에게 돌아가는 추가적인 부담이 없다. 전국의 많은 혁신학교들이 이렇게 공교육의 틀 내에서 교육행정의 적극적인 지원으로 교육내용을 변화시키고 아이들이 즐겁게 배우는 학교를 만들어가고 있다.

일반고 교육의 문제점이 신문지상에 지속적으로 보도되고 있다. 일선교사로 근무하는 사범대 제자들의 이야기를 들어보아도 수업 중에 자는 아이들이 많아 수업할 의욕이 많이 떨어진다고 한다. 아이들이 수업시간에 자는 이유는 수업 내용을 따라가지 못하거나 수업이 별반 도움이 되지 않는다고 생각하기 때문이다.

일반고의 위기는 이명박 정부에서 시행했던 고교 다양화정책에서 비롯되었다. 고교 다양화정책으로 성적이 우수한 학생들이 1차로 특수목적고, 자율형 사립고, 자율형 공립고에 지원한 후 나머지 학생들이 일반고를 지원하게 되었다. 부산지역에도 현재 15개의 특목고와 2개의 자사고, 42개의 사립 일반계고, 48개의 공립 일반계고가 있다.

이런 교육제도 속에서 자녀의 일반고 진학을 앞두고 '저 학교 가면 우리 아이도 노는 분위기에 휩쓸리지 않을까', '아무리 열심히 해도 수능성적이 형편없지 않을까' 하는 걱정을 하는 부모들이 많다. 이런 교육시스템이 문제가 있긴 하지만 단번에 바꾸는 것은 무리가 있다. 그것은 개별교육청의 정책으로 전환시킬 수 있는 것이 아니라 국가정책과 관계되는 문제이기도 하고 학부모들의 혼란이 따르기 때문이다. 또한 학부모들의 특목고에 대한 수요도 엄연히 존재한다. 따라서 이들 학교는 존재이유에 맞게 운영되는가를 엄격하게 따져 그 목적에 맞는 역할을 하도록 지도하고, 해법은 다른 곳에서 찾아야 한다.

*

앞서 언급한 용인의 한 고등학교의 예처럼 혁신교육을 실천해 일반고의 교육수준을 보다 높이는 방향이 바람직하다고 생각한다. 그러려면 먼저 교육계에서 성적이 우수한 학생을 선점하려 하기보다 우리 학교에 입학한 학생들을 우수한 학생으로 교육시키겠다는 자세가 필요하다. 한편 자율형 공립고, 특목고 등을 만들고 성과를 내기 위해 우수한 학생들이 들어가는 학교에 지원을 더 많이 한 것이 지금까지의 교육정책이었다. 결과적으로 잘하는 학생들에게 더 많은 지원을 하고 있는 셈이어서 지역 내 교육격차를 더욱 넓히고 전체 부산교육의 질을 떨어뜨리는 결과를 낳고 있다.

따라서 앞으로는 서민층 아이들이 더 많은 지원을 받을 수 있도록 하는 교육정책을 펼쳐야 한다. 특히 부산의 교육현안 가운데 가장 심각한 문제로 꼽히고 있는 동서 학력격차를 좁혀나가는 데 상당한 노력을 기울여야 한다.

2013년 수능결과에서도 알 수 있는 동서 학력 차이는 날이 갈수록 더 커지고 있는 실정이다. 신문에 보도된 '2013년도 부산지역 고교 구군별 수능 언어수리외국어 표준점수 합 평균점 순위'에 의하면 동부산권의 수능 평균점수가 308.9인 반해, 서부산권 평균점수는 298.3으로 10점 정도 차이가 난다. 또 1위를 기록한 해운대구와 최하위인 강서구는 그 격차가 약 62점 정도 벌어져 동서 간의 학력격차 문제에 심각성을 더하고 있다. 또한 우수한 교사들이 서부산권 근무를 기피하는 경향도 더 커져가고 있어서 동서 간의 교육 불평등은 계속 악순환되고 있는 셈이다.

이는 서부산권이 동부산권과 더불어 균형발전을 이루지 못한 부산의 현주소를 보여주는 것이기도 하다. 지금도 서부산권은 여전히 산업단지로만 개발되고 있다. 뿐만 아니라 재개발이 추진되다 중단되는 등 지역적으로 슬럼화가 지속되는 상황이다. 모든 삶의 지표에서 상호 간의 격차는 커지고 있는데, 그런 차이들 가운데 가장 두드러진 것이 교육의 격차라고 할 수 있다.

*

한편 동서 간의 학력격차가 가장 두드러지게 나타나는 교과목이 영어라고 한다. 서부산권 고등학교 가운데 외국어영역 평균 점수가 부산권 30위 안에 드는 학교가 하나도 없다. 외국어의 학습은 환경적 요인에 많은 영향을 받는다. 접할 수 있는 기회에 일찍 더 많이 노출될 때 더 잘할 수 있게 되는 것이다. 영어에 노출되는 정도는 현실적으로 영어 사교육에 노출되는 정도라고 할 수 있다. 결국 동부산권과 서부산권 학교 사이의 영어 학력격차는 부모의 소득격차에서 비롯된 것으로 분석할 수 있다. 이러한 문제를 해결하기 위해서 저소득층에 대한 영어교육 지원을 보다 확대하고, 취약한 학교를 중심으로 방과후 수업 등을 강화해 실질적으로 해소할 수 있게 지원해야 한다.

간혹 특목고 등과 같은 상위권 학생들이 다니는 학교를 서부산권에 우선 배치하는 것을 동서 간의 교육격차를 줄이는 방안으로 제시하는 이들이 있는데 이는 그리 실효성이 있는 것이 아니라고 생각한다. 당감동에 국제고와 영재고가 있지만, 그렇다고 해서 그 인근지역 학생들이 성적이 좋아지거나 교육여건이 나아지는 것은 아니기 때문이다. 특목고가 어느 지역에 위치하는가와 그 지역 주변의 교육여건이 개선되는 것과는 아무런 관련이 없다.

동서격차의 해소를 위한 부산교육청 자체의 노력도 반드시 필요하다. 우선 학력격차에 대한 실태분석이 되어야 하고, 교육균형발전을 위한 전담부서가 있어서 업무의 연속성을 가지고 동서 간의 교육적인 여건의 격차를 줄여나가야 한다.

전국적으로 활발하게 펼쳐지고 있는 혁신학교의 모델을 낙후된 교육환경을 지닌 서부산권에 집중적으로 만들어내는 것도 실효성 높은 방안이 될 수 있다. 혁신학교는 공교육의 틀 내에서 운영되는 것이기 때문에 학생선발 기준이 중학교 때 성적이 아니다. 혁신학교 인근에 살고 있는 학생이라면 누구나 지원할 수 있다. 특정한 학교로 우수한 학생을 집중시키고 나머지 학생들은 황폐화된 일반고로 가는 방식의 양극화 정책이 아니다. 낙후한 지역에 혁신학교가 들어오고, 그 학교의 모델이 성공적으로 되면 도리어 지역 사회가 새롭게 활성화되는 사례를 심심찮게 찾아볼 수 있다.

강동구 상일동은 서울에서도 변두리 지역에 속한다. 그런데 그곳에 혁신초등학교가 들어서면서 아이를 보내고 싶은 학부모들이 이사를 오는 일이 잦아지면서 부동산 가격이 들썩거리고 있다. 지금까지는 대치동, 목동 등 대입 전문학원이 밀집했거나 학군이 좋은 지역의 아파트 값이 상대적으로 뛰었으나,

최근엔 유명 유치원과 혁신초등학교 주변이 인기다. 혁신학교에 학생을 보내기 위해 강남에서 서울 변두리로 이사 오는 학부모들도 있다. 이런 현상들을 보면 한 지역의 교육이 모범적으로 이뤄질 때 그 지역의 발전에도 많은 기여를 할 것이 분명해 보인다.

한편 지역의 교육조건을 개선하는 일은 학교 자체만의 변화로는 이루어지지 않는다. 낙동강이 흐르는 서부산권은 지금까지 산업적 차원에서만 접근하고 지역적 어메티니의 측면에서는 접근하지 않았다. 최근에 낙동강 주변의 생태공원, 체육공원 등이 개발되면서 점진적인 변화가 보이기도 하지만 시와 구청 등 지역자치단체들이 본격적으로 인근에 생태공원을 조성하고 낙후한 지역 주거환경을 개선하는 등의 노력을 해야 한다.

이렇게 교육여건과 주거환경이 동시에 변화되면 떠나간 중산층들이 이 지역에 다시 들어와 살게 되고, 거주하고 있는 지역주민들은 더 쾌적한 삶의 공간을 누릴 수 있다.

부산 금성초등학교 도서관을 둘러보고 있는 모습

아이들의 꿈을 응원하는 사회

우리나라만큼 학부모들의 교육열이 높은 나라도 드물 것이다. 부모들의 높은 교육열 자체가 문제가 될 것은 없다. 우리가 한번 생각해보아야 할 점은 그 높은 교육열이 어디를 향하고 있는가 하는 것이다. 결국 극소수의 학생들만 선택권을 갖게 되는, 소위 스카이(SKY)라고 불리는 일류대학 입학을 목표로 달려가고 있는 것이 문제다. 요즘은 좀 바뀌어서 인서울(IN SEOUL), 즉 서울에 있는 4년제 대학에 입학하는 것이 목표가 되는 경우가 많다.

부모라면 누구나 자신의 아이가 공부를 잘하기를 바랄 것이다. 학교에서 학생을 가르치는 선생님도 마찬가지다. 내가 가르친 만큼 제자들이 잘 따라오면 그만한 기쁨과 보람도 없다. 흔히 공부를 점수나 등수와 동일시한다. 그리고 아이들이 학교에서 좋은 점수, 높은 등수를 받기를 원한다. 왜 그런가. 그건 삼척동자도 다 아는 일이다. 공부를 잘해야 좋은 대학에 갈 수 있고, 졸업해서 좋은 일자리를 얻어 행복하게 살 수 있다고 믿고 있기 때문이다. 초등학교 저학년부터 내 아이가 그 좁은 문을 통과하게 하기 위해 형편이 허락하는 대로 사교육을 시키고, 점수와 등수 경쟁대열에 밀어 넣는다.

그런데 문제는 이런 경쟁교육의 구도에서는 승자가 있으면 반드시 패자가 있기 마련이라는 것이다. 그런데도 대부분의 부모들은 자신의 아이가 승자가 될 것이라고 믿고 싶어 한다. 이런 끝없는 경쟁교육은 아이들을 불행하게 만든다. 설사 승자의 대열에 들어선다고 해도 행복하지 않다. 어느 자사고에서 1등 하는 학생이 자살을 했다는 언론보도도 있었다. 우리나라는 OECD 국가들 가운데서 학생들의 행복지수가 4년째 꼴찌를 기록하고 있다. 행복, 흥미, 자신감, 자존감도 조사대상 국가 가운데 거의 꼴찌 수준이다.

*

이제라도 이런 현실을 직시하고 새로운 교육을 고민해야 한다. 먼저 진정한 배움은 무엇인지, 학교는 어떠해야 하는지 고민해보아야 한다.

얼마나 많은 양의 지식을 주입시키는가가 학교의 주된 임무가 되던 시절은 이제 지나갔다. 자신이 가장 잘할 수 있는 분야에서 가장 자기다운 방식으로 살아갈 수 있도록 하는 학교, 각자의 소질과 재능대로 친구가 아닌 자신의 꿈과 경쟁하는 그런 학교교육이 이루어져야 한다.

오직 공부를 잘해야만 자신의 꿈을 이루고 잘살 수 있는 것이 아니다. 독일의 경우만 보더라도 실제로 돈을 벌고 싶으면 대학을 가는 대신에 일찍부터 직업교육을 선택해 마에스터가 되기 위한 준비를 한다. 독일에서 마에스터는 대학을 졸업하고 박사 학위를 받은 사람과 비슷하게 사회적으로 인정을 받는다. 마에스터라는 말은 독일어로 '장인'이라는 뜻을 지니고 있는데, 어떤 분야에서 아주 특출한 최고의 기술자를 뜻한다.

이런 제도가 정착되어 있기 때문에 대학을 졸업하지 않아도 경제적 풍요와 사회적 인정을 보장받을 수 있고, 학교에서 꼴찌도 행복할 수 있다. 독일은 국제학업성취도 평가에서 전체 회원국 중 중간 정도 수준이다. 우리나라는 수학과 과학 분야에서 거의 매년 1위를 차지하고 있다. 독일의 경우 대학진학률도 40% 정도밖에 되지 않는다. 그런데 어느 나라의 아이들이 지금 더 행복하게 살고, 앞으로 더 행복하게 살아갈까.

일선 교사들을 만나 진로 교육의 어려움에 대해 들어보면,

부산 사대부고 학생들과 대화를 나누고 있는 장면

아이들의 꿈이 매우 허황된 경우이거나 아예 꿈이 없는 경우가 제일 지도하기 힘들다고 한다. 이들 교사들이 보기에 허황된 꿈이라는 것은 유행을 타는 꿈같은 것이다. 호텔 관련 드라마가 유행을 하면 너도 나도 호텔리어가 되겠다고 하고, 범죄 스릴러가 유행하면 범죄 프로파일러가 되겠다는 아이들이 속출한다고 한다. 모두가 경쟁교육의 폐혜다. 1등이 아니면 아무렇게나 꿈꾸고 꿈조차 없어야 하는가. 그런 아이들이 자라서 이루는 사회가 과연 얼마나 건강할까. 물론 다소 허황해 보이는 그 꿈이 자신의 숨겨진 재능을 발견하는 계기가 될 수도 있지만, 좀 더 진지하게 자신이 좋아하는 것, 자신 있게 잘할 수 있는 것을 찾아내고 꿈을 꿀 수 있는 기회를 어른들이 주지 않아서 그런 것이 아닐까 하는 생각이 든다.

학부모의 고통을 덜어주는 믿음의 학교

아이들 학원비 탓에 직장을 마치고도 대리운전을 하는 아버지들이 있다. 사교육비 부담이 점점 커지면서 주부들은 식당 아르바이트 자리라도 찾아 나선다. 서민들이 가장 부담을 느끼는 것은 교육비이고, 그중에서도 사교육비에 대한 압박이 크다고 할 수 있다.

2009년 조사에 의하면 아이를 낳아서 대학 졸업시키는 데까지 드는 돈이 2억 6천만 원이다. 지금 물가로 환산하면 약 3억 정도 된다. 그러니까 3억은 있어야 아이를 낳아서 기를 수 있다는 것이다. 그것이 부담스러워 출산율이 현저히 떨어지고 있고, 학부모들은 나이 들어서도 일을 해야 한다. 우리나라의 노인 취업률이 높은 것도 알고 보면 이런 이유가 크다.

작년에 부산지역의 초중고등학교 학부모 7백 50명을 대상으로 '부산지역 교육 현안에 대한 학부모 의식조사'를 해보았더니 부산지역 학생들의 경우 72.2%가 사교육을 받고 있었다. 학생당 평균 두 가지 이상의 사교육을 받고 있으며, 학부모들이 사교육비로 지출하는 비용은 학생 1인당 월 평균 40만 원 정도인 것으로 조사되었다. 그런데 이 금액은 전국 평균보다 낮은 수준이어서 힘든 부산지역경제의 현실을 뒷받침해주고 있다.

부모들이 엄청난 부담 속에서도 사교육비를 지출할 수밖에 없는 것은 먼저 학교 내에서 이루어지는 공교육이 부실하고, 공교육만 믿을 수 없기 때문이다. 그러나 사실 그렇게 돈을 들여 사교육을 시키는 만큼 큰 성과를 내는 경우가 많지 않다. 물론 시키지 않는 것보다는 당장 조금 더 나은 성적을 얻을 수 있을지 모르지만, 실질적인 효과보다는 다른 아이들에 비해 뒤쳐질까 염려하는 부모들의 불안심리가 더 크다고 볼 수 있다. 또 한편 맞벌이 부부의 경우 아이들을 돌보기가 힘드니까 습관적으로 학원에 보내는 경우가 많다.

학부모들에게 큰 부담을 주는 사교육을 공교육 내에서 해결할 수 있는 방안은 양질의 방과후학습을 제공하는 것이다. 방과후 교실이 내실있게 운영되고 맞춤형 교육이 실시된다면 사교육비로 인한 부모들의 가계부담이 상당히 덜어질 것이다.

교육현장 탐방 '부산교육, 현장에서 길을 찾다'의 첫 순서로 부산시의 무상급식 예산 지원을 촉구하는 기자회견을 갖고 있다.

초등학교 사교육 중 가장 비용이 많이 들어가는 영어 사교육의 경우 수준별로 세분화된 반 편성과, 학생 개별적인 수준에 맞는 관리가 되는 등 방과후 교육을 세심하게 조정해나가면 영어학원 수준의 강의를 학생들에게 충분히 제공할 수 있다.

중고등학교의 사교육 문제에 대해서는 접근법이 달라야 한다. 단순히 눈앞 성적을 올리는 식으로 진행되어서는 안 되며, 지적 호기심과 독서능력, 궁극적으로 자기 주도 학습능력을 스스로 만들어 갈 수 있도록 진행되어야 한다. 이런 교육은 중학교 때가 가장 적기라고 할 수 있다. 더불어 진로 적성이나 자신에 대한 탐구가 이루어지도록 한다면 고등학교에 진학해 더 알차게 학교생활을 할 수 있을 것이다.

고등학교에서는 학업성취도를 높이기 위해서 학생들의 선택권을 더 높여주고 다양한 수업이 학내에서 진행될 수 있도록 학교 운영의 자율권을 높여주는 것이 바람직하다. 더 나아가 학생과 선생님들과의 심리적 거리를 좁히는 것도 큰 과제이다, 의문점이 있거나 질문할 것이 있을 때 선생과 학생들이 자유롭게 대화할 수 있는 풍토가 조성되면 사교육에 대한 수요를 얼마간 줄일 수 있을 것이다.

*

학교에서 시행할 수 있는 교육복지 가운데 최근 몇 년간 화제에 올랐던 것은 무상급식 문제다. 처음엔 분분한 논란이 있었지만 이제는 전혀 새로울 것도 없는 일이 되었다. 전국에서 서울, 경기, 광주 등 이미 9개 시도가 중학교까지 무상급식을 시행하고 있다. 그에 비해 이제 초등학교 무상급식을 진행하는 부산은 많이 늦은 상황이다.

중학교까지의 교육이 의무교육으로 규정되어 있는 만큼 급식도 국가가 책임지는 의무급식으로 이루어지는 것이 타당하다. 하지만 정부가 움직이지 않으니 지방자치단체 차원에서 재원을 마련해 의무급식을 실현하기 위해 노력하고 있는 것이다.

이미 9개 시도에서 교육청 예산이 아닌 시도 예산에서 약 50%의 금액을 지원하면서 중학교 무상급식까지 이루어내고 있지만 부산시에서는 이에 크게 미치지 못하는 20% 안팎의 금액만 지원하고 있는 실정이다. 그에 따라 부산 학부모들은 다른 시도와 달리 중학생 1인당 1년에 53만 원의 교육비를 더 부담하고 있다. 부산이 다른 시도보다 특별히 못한 것도 없는데 왜 이런 상태가 지속되고 있는지 의문이다. 부산도 다른 지역처럼 시와 자치구가 전체 소요 예산의 50%만 담당하면, 예산 마련은 결코 어렵지 않다. 중학교까지 무상급식을 하면 총 소요예산이 1,792억 원가량 되는데, 지방자치단체에서 50%의 예산을 부담하면 교육청이 부담하는 예산은 오히려 줄어들어 필요한 다른 분야에 교육예산을 쓸 수 있다.

급식은 가장 기본적인 교육복지이기 때문에 고등학교까지 해야 하는 것이 바람직하다. 그러나 현실적인 예산 제약 때문에 당장은 어렵다. 그렇더라도 방법을 찾고 차차 확대하려는 의지는 가지고 있어야 한다고 생각한다. 무상급식을 염려하는 목소리 중 하나가 급식의 질이 떨어질 수 있다는 것인데, 이는 엄격한 관리와 친환경 국내산 식재료 사용의 확대를 통해 해결할 수 있는 문제이다.

이제는 우리나라도 의무교육의 영역이 점차 확대되어야 하는 시기라고 생각된다. 학교에서 이루어지는 모든 교육활동이 의무교육의 영역에 포함되는 것이 가장 이상적이다. 그 첫 번째가 친환경 무상 급식의 확대이고, 다음으로 진행돼야 할 것은 중학교까지 학습준비물과 교과서, 체험학습비 등을 지원하는 것이다. 그러나 이 사업 역시 예산과 관련된 문제이므로 그 폭과 실행 시기는 조정할 필요가 있다.

교사의 보람을 찾아주는 교육정책

지난 30년간 사범대교수로서 많은 교사들을 길러냈고, 교육대학원에서 여러 현장교사들과도 만났다. 그들과 대화를 나누면서 자주 느끼는 것은 갈수록 선생 노릇하기가 참 어렵다는 것이다. 교사들의 교직에 대한 고민이나 회의는 일반인들이 상상하는 것 이상이다. 그들로부터 전해 듣는 교육현장에서 교사의 실상은 날이 갈수록 우울하다.

우리나라 교원은 세계적으로도 높이 평가받는 신흥교육국 가운데서 가장 우수하다. 다른 나라 교원들은 학업성적 상위 20~30% 출신이지만, 한국 교원은 5% 이내이다. 그렇게 우수한 교사들이 교사 생활을 몇 년 하고 나면 심각한 자괴감에 빠지는 일이 많다,

교권에 대한 도전이 일상적으로 수없이 이루어지기 때문이

다. 교사를 노골적으로 무시하거나 수업을 방해하는 학생들이 생각보다 많다. 그런 학생들을 꾸짖고 제지하는 것이 정상이지만 너무 자주 벌어지는 일이라서 지치고 깊은 상처를 받는 경우도 있다. 그래서 학생들이 어떤 잘못을 해도 모른 척하거나 문제를 회피하는 경우가 많다고 한다. 학부모가 선생님에게 모욕적인 언사를 퍼붓는 일이 가끔씩 언론에 보도되기도 한다.

신경을 써야 할 학생은 점점 늘어나는데 과중한 행정업무는 여전하다. 학생생활기록부, 가정통신문, 야간자율학습 신청서, 물품지원서 등 교사들이 처리해야 할 행정문서는 언제나 책상 위에 가득하다. 그러다 보면 교과연구나 인성교육은 생각할 여력이 없다.

교사들이 학생들을 보살피고 제대로 가르치는 데 전념하려면 학교현장에서 일상적으로 오가는 문서나 각종 규정이나 지침, 지시 등을 면밀하게 검토해 학교현장에 실질적인 도움이 되지 않는 것은 대폭 줄이는 노력이 필요하다. 또 필요하면 행정전담요원을 두어 교사들에게 주어지는 잡무를 덜어줄 필요가 있다.

실제적으로 학교 운영의 자율성을 가로막는 각종 보고문서와 의무적인 회의나 행사 참여가 큰 문제라는 것이 일선 현장 교사들의 공통된 목소리다. 부산대학교 사범대학 부속고등학교의 경우를 보면 국립학교이기 때문에 공문이 거의 없고, 각종 회의나 행사에서 상대적으로 자유롭다. 적어도 다른 학교들도 이 학교에서 이뤄지는 정도는 되어야 한다고 생각한다.

그리고 교사들이 교사 본연의 임무에 충실할 수 있도록 도와야 한다. 우리나라는 교육과정에 대한 권한을 국가가 가지고 있다. 이러한 틀 속에서 혁신적이고 창의적인 교육과정을 수행하는 것이 결코 쉬운 일은 아니다. 따라서 그런 교육을 시도하려면 교사들이 함께 토론하고 교과별, 학년별 협의를 거치면서 교육과정 운영 전반에 대해 의견을 조율하는 일이 필요하다. 이를 통해 다양한 창의적 체험활동을 제공한다든지, 학생의 실질적 참여를 이끌어낼 수 있는 동아리 활동을 고안하는 것 등이 가능해진다. 이런 일들을 교사가 더 많이 열정적으로 해나갈 수 있도록 하는 제도적인 뒷받침이 필요하다.

*

학교 교육의 변화는 교사가 중심이 될 수밖에 없다. 지금 많은 교사들의 사기가 떨어져 있다. 교직에 대한 회의로 학교를 떠나 학원행을 선택하거나 명예퇴직과 같은 제도를 통해 가능한 한 빨리 학교 현장을 떠나려는 교사들도 의외로 많다.

이런 교사들의 고민과 고충을 해결하지 않고는 교육의 의미 있는 변화를 기대하기 어렵다. 공교육을 하루아침에 뜯어고칠 수는 없지만 교사들이 자신감을 회복하고 변화의 주역으로 나선다면 학교현장이 훨씬 좋아질 것이다.

학생들의 인권이 존중되어야 하는 만큼이나 선생님의 인권도 동등하게 존중받아야 한다. 특히 학습권은 침해되지 말아야 하고, 교권을 침해받는 선생님들 또한 학생들처럼 보호받을 권리가 있다. 교사는 단순한 직업인이 아니다. 그런 만큼 교육에 대한 권한을 최대한 주어야 한다. 초중등 교사의 권한과 권위가 행정관청과 학교 교장에 의해, 심지어 학생과 학부모에 의해 위협받아서는 안 된다.

그러나 교사들이 교권을 존중받고 아이들로부터 존중받으려면 학생들의 권리를 앞장서서 보호해주고 학생들이 필요로 하는 제대로 된 가르침을 실천하기 위해 노력해야 한다. 선생님이 진정성 있게 학생들을 대한다면 학생들 또한 선생님을 존경하고 따를 것이다. 대부분의 학생이 선생님을 따르고 지지하는 분위기 속에서는 학부모도 교권을 함부로 침해하지 못할 것이라고 생각한다.

캠퍼스에서 제자들과 함께
교육의 미래를 위해 담소를 나누는 모습

안전하고 평화로운 학교 만들기

학부모들을 만나는 자리에서 이런저런 교육적인 애로를 나누다 보면 가장 많이 나오는 이야기가 아마도 진로와 안전에 관한 것인 것 같다. 학부모들이 가장 우려하는 아이들의 안전문제로는 학교폭력이나 왕따 문제를 빼놓을 수 없다.

최근 들어 학교폭력의 양상이 점점 난폭해지고 연령층도 차츰 낮아지고 있다고 한다. 왕따나 학교 폭력의 피해자가 된 청소년들은 학교 가는 것에 대한 극도의 공포를 갖게 되고, 더 이상 해결방법이 없다고 생각하면 자살이라는 극단적인 방법을 선택하는 경우도 있다. 이런 청소년들을 위해 학교폭력에 관계된 가해자나 피해자에 대한 치유 프로그램을 교육관련 단체나 전문가들과 연계해 더 많이 도입할 필요가 있다.

학교폭력 문제를 무조건 징계나 전학이라는 방식으로 해결하는 것은 바람직하지 않다. 경중의 차이는 있겠지만 학생 당사자들은 물론, 교사와 학부모가 서로 지혜를 모아 방법을 찾을 수 있는 구조가 가장 바람직하다. 또한 학교 폭력이나 왕따 문제가 발생하기 전에 아이를 교육할 수 있는 커뮤니케이션 교육을 충분히 할 필요가 있다고 본다.

비폭력 대화와 같은 이런 커뮤니케이션 교육프로그램을 아이들에게 적용하려면 먼저 교사들이 적극적으로 이런 프로그램에 관심을 가지고 배울 필요가 있다. 또한 다른 학교에서 모범적으로 실행되고 있는 프로그램 중에 도입해 활용할 수 있는 것이 없는지 적극적으로 찾아보는 노력도 필요하다. 사실 이런 효과적인 대화나 공감 프로그램은 교사들조차 미처 경험해보지 않았기 때문에 연수 등을 통해 더 많이 접할 수 있는 여건이 마련되어야 한다.

학교폭력이나 왕따의 문제는 근본적으로 인간이면 누구나 내면에 지니고 있는 타인에 대한 이해와 공감이라는 기본 덕목들이 자연스럽게 발휘되지 못하고, 훈련되지 못해서 벌어지는 것으로 볼 수 있다. 거기에는 어른들의 책임도 없지 않다. 어느 순간부터 같은 시대를 살아가는 힘들고 어렵고 외롭고 가난한 이웃들의 아픔을 이해하고 나누는 적극적인 교감의 능력을 잃어버린 우리들의 자화상이 아이들을 통해 투영되는 것이 아닌

지 한번쯤 생각해볼 일이다.

최근 들어 학교폭력, 왕따 같은 현상이 많이 나타나고 더욱 심해지는 원인이 학생들이 느끼는 학업 스트레스, 경쟁 압박, 욕구의 억압이 갈수록 커지고 있기 때문이다. 학교폭력이나 왕따의 원인을 추적하다 보면 아이들이 느끼고 있는 스트레스를 자신보다 더 약한 학생을 괴롭힘으로써 해소하는 경우가 많다는 것을 알 수 있다. 결국 학교가 행복한 공간으로 변화해야 하고, 점수경쟁이 아닌 인성교육에 교육적 관심이 집중될 때 학교폭력도 자연히 줄어들게 된다는 것이다.

인성교육이라고 해서 고리타분한 도덕적 훈시를 잔뜩 늘어놓는 것으로는 학생들의 마음을 움직이고 행동의 변화를 가져올 수 없다. 인성교육의 가장 좋은 방법은 타인을 배려하는 경험을 갖게 해주는 것이다. 수업만 하고 아무것도 하지 않는 학교가 되어서는 인성교육이 이루어질 수 없다. 체육활동이나, 동아리 경연대회 등의 자치활동이나 상호 멘토링, 공동학습과 같은 다양한 활동을 통해 학생들이 학교에 대한 정체성을 느끼도록 만드는 것이 중요하다. 학생 자신이 속한 공간에 대한 애착을 느낄 때 왕따나 학교폭력 같은 현상은 줄어들 수 있기 때문이다. 크게는 학교 전체로, 작게는 학급이나 동아리 수준에서 공동체 의식을 길러주고, 다른 학생을 배려하는 경험을 많이 하도록 권장하는 교육적인 풍토가 절실하다.

무엇보다도 선행되어야 할 것은 아이들이 자기 스스로를 존중하고 자랑스러워할 줄 아는 감정을 지니며 생활할 수 있도록 하는 학교혁신이 이루어져야 한다는 것이다. 나를 존중하는 사람이 타인도 존중할 수 있다. 자존감에 상처를 주는 획일적 기준에 의한 줄 세우기 경쟁교육은 이제 그만두어야 한다. 예체능 교육의 확대도 좋은 방안이 될 수 있다. 이렇게 하면 풍부한 감성을 지닌 아이들이 비인간적인 폭력을 행사할 가능성은 줄어들고, 자신의 행동에 대한 판단 기준도 더 풍부해지기 때문이다.

먼저 교육청과 학교부터 투명하게

일선 학교교사들의 얘기에 의하면 어떤 교장선생님이 계신가에 따라 학교의 전반적인 분위기가 달라진다고 한다. 공교육을 정상화하고 학교를 새롭게 혁신하는 일에 있어서 교장선생님의 의지가 70% 이상 작용한다는 것이 중론이다. 그것은 교육계의 조직풍토를 대변하는 것이기도 하다. 또한 개별학교에서 리더인 교장선생님의 영향력이 이처럼 지대하다면 지역교육 행정기관의 리더인 교육감의 영향력은 짐작하고도 남음이 있다.

이를 단적으로 보여주는 것이 지역별 교육감이 추구하는 교육 방향에 따라 나타나는 학교현장의 차이다. 시대는 계속 새로운 교육을 요구하는데 교육정책이나 지원이 별로 안 바뀌면 상당히 문제가 있다.

지역에서 보다 많은 아이들이 동등한 교육혜택을 받고자 한다면 가장 우선적으로 해결되어야 하는 것이 예산문제다. 공교육이 정상화되고 더 양질의 교육이 가능하려고 해도 예산문제가 해결되지 않으면 안 된다.

최근에는 지역민들의 교육복지에 대한 요구가 상당히 높아지면서 교육청뿐만 아니라 지역의 지방자치단체들까지 교육관련 예산을 늘리고 있는 추세다. 우리 부산의 경우에도 지방자치단체의 교육비 부담비율을 높여야 하는 과제가 존재한다. 2013년 현재 전체 예산 중 1.5%인 교육예산을 최소 2%까지 늘려야 할 것이다

2013년 현재 부산시교육청은 3조 원이 넘는 예산을 집행하고 있다. 이중에서 약 80%는 중앙정부에서 내려오는 예산이므로, 중앙정부의 정책을 바꿔 교육예산을 더 늘려나가려는 의지가 필요하다. 그래야 상대적으로 낙후된 지방교육의 경쟁력을 높일 수 있다.

교육청은 부산 교육발전의 중추기관인 만큼 투명한 교육행정을 펼쳐 청렴도를 인정받아야 한다. 교육계 내의 비리를 제대로 감찰하지 않고, 문제가 있는 학교에 대해 제대로 된 지도를 하지 않는 경우가 있는데, 이 또한 교육계의 청렴도와 연관이 깊다고 볼 수 있다. 투명한 학교행정시스템을 구축하고, 전

자공개입찰 원칙을 강화하고, 공사납품명세를 전면 공개하는 등의 자체적인 노력뿐 아니라, 외부감사제와 시민참여예산제를 도입하여 예산집행구조를 혁신해 교육청부터 시민들에게 믿음을 주어야 학부모들이 안심하고 아이들을 학교에 맡길 수 있을 것이다. 외부감사제의 경우 예산문제로 상시 근무를 할 수는 없기 때문에 주요 사안에 대해 감사위원회를 꾸려서 운영할 필요도 있다.

어떤 일이든 큰 그림과 미시적인 과제는 복잡하게 얽혀 있다. 일에는 전체의 방향이 있고, 이를 실현시킬 수 있는 각 부분에 대해서는 세부적이고 꼼꼼한 계획과 실행이 필요하다. 전체적인 교육의 방향을 잘 잡아나가는 것도 중요하지만, 세부적인 부분들을 잘 짜나가지 않으면 아무리 훌륭한 교육정책이라도 공허한 것이 되고 말기 때문이다.

*

학교가 살아나고 공교육이 정상화되려면 실질적인 교육주체가 누구인가에 대한 심도 깊은 고민이 필요하다. 교육행정기관인 교육청은 일선학교에서 좋은 교육이 실현될 수 있도록 지원하고, 걸림돌이 있으면 치워주고, 시대의 변화에 맞는 새로운 교육을 할 수 있도록 길을 열어주는 역할을 해야 한다.

아무리 의지가 있고 열정적인 교사라도 이들이 성심을 다해 학생들을 돌볼 수 있는 풍토를 만들어주지 못한다면 부산 교육의 변화와 발전은 영원히 기대하기 어렵다. 그렇게 하려면 지금보다는 더 일선학교에 힘을 실어주는 노력이 필요하다. 교장이나 교사들에게 학교 운영 및 교과 과정에 대한 자율권을 주고, 교육 과정의 다양화 · 특성화를 통해 공교육 정상화와 다양화를 추구할 수 있는 권한을 주어야 한다. 이처럼 입시 위주의 획일적 학교 교육에서 벗어나 창의적이고 자기주도적인 학습능력을 높이는 이유는 21세기 우리 미래 세대의 생존과도 직결되는 문제이기 때문이다.

더불어 상생하는 교육공동체

학교는 그동안에 학부모가 필요한 경우에만 참여를 요청하고 그렇지 않은 경우에는 학부모와 일정한 거리를 두어왔다. 학부모들도 그것을 당연한 것으로 받아들인다. 스승의 날에 휴교를 해야 하는지를 놓고 고민하는 것도 실은 선생님을 하루 쉬게 하려는 것이 아니라 촌지문제 때문인 것이 우리의 아픈 현실이다.

지금까지 우리가 가지는 지배적인 생각은 학생은 교육의 대상이고, 학부모는 교육의 수요자라는 사고방식이다. 그렇지만 학부모가 교육에 대해 이런 수동적인 태도를 계속 취하기만 한다면 학교교육에 대한 변화를 가져오기 어렵다. 학부모가 접하는 학교는 자신의 자녀의 눈에 비친 학교다. 학교의 전체적인 모습이나 교사들의 고충 같은 것을 실감하기가 쉽지 않다.

앞으로는 학부모의 역할이 이런 수동적인 위치에 머물러서는 안 된다. 그렇다고 학교 일에 사사건건 개입하고 나서라는 것이 아니라, 자기 자녀뿐만 아니라 공동체 전체를 위해 학교를 어떻게 운영해야 할지 함께 고민하고 참여해야 한다는 것이다. 혁신학교로 성공한 학교들의 공통점은 학생을 교육의 중심에 두고 교사와 학부모가 유기적으로 협력하며 학교를 운영했다는 점이다. 학부모가 각종 도우미 역할만 하는 것이 아니라 자원봉사나 학부모회 등을 통해 교육에 능동적으로 참여하게 해야 한다. 이렇게 함으로써 학교가 부족한 부분들을 채우고 교육의 내용을 더욱 풍성하게 할 수 있다.

교사와 교사가 서로 배우고, 학교와 학교가 서로 돕고 정보를 공유하면서 교사, 학부모, 학생, 그리고 교육청 간에 신뢰의 문화를 창조할 수 있어야 한다. 교사의 자율권, 학생 자치권, 학부모 참여권을 보장하기 위해 기본이 되는 규정도 만들어야 한다.

지역사회도 학교교육을 어떻게 지원하고 참여할 것인가를 고민하고 실천해야 한다. 비교과 영역이나 방과후 학습이 보다 내실 있게 운영되려면 능력 있는 지역민들의 적극적인 참여도 있어야 한다.

지역사회와 함께 호흡하며 더 많은 교육효과를 얻게 되었던 대표적인 사례가 경기도 남양주시의 호평중학교다. 이 학교는 시청과 공기업, 지역의 복지관과 시민사회단체 등의 협력 속에서 학교 교육과정을 운영해왔다. 교육이 좁은 학교 담벼락 안에서만 이루어지는 것이 아니라 지역사회의 다양한 자원들을 활용해 배움의 폭을 깊게 하고 아이들이 내가 살고 있는 지역에 대한 자부심을 갖게 했다. 세계화 시대에 가장 필요한 덕목인 소통과 협력의 가치를 가르치는 데도 한몫할 수 있다.

또한 이런 경험은 핵가족화되고, 개인화되어 건강한 어른의 롤모델을 갖기 어려운 요즘 청소년들에게 매우 교육적인 효과가 있다. 지금의 청소년들은 건강한 어른의 롤모델을 제대로 접할 기회가 없다. 그래서 또래 집단이나 TV에 나오는 연예인 등에서 찾는 것이다.

흔히 교육은 백년지대계라고 한다. 교육은 우리의 미래를 결정하는 중요한 분야이다.

어른들 편의대로, 관성대로 흘러가도록 내버려둘 수 없다. 가치를 생각하는 교육과 그것을 밑받침하는 책임 교육이 필요하다.

혁신학교를 중심으로 한 교육계의 새로운 바람을 못마땅한 시선으로 바라보는 측에서는 좌우의 이념논쟁까지 벌어가며 비판을 가하기도 하지만 이미 새로운 교육의 요구를 학생

부산교육포럼 2013년 8월 정기포럼 '호평중학교로 이해하는
혁신학교'를 마친 뒤 호평중(경기도 남양주) 교장선생님과
진지하게 의견을 교환하고 있다.

과 학부모들로부터 그 물꼬가 터져 도도한 물줄기를 이루고 있다. 어떤 정파나 정치적인 입장을 떠나서 교육문제만큼은 다 같이 지혜를 모아 풀어나가야 한다.

핀란드가 세계인이 부러워하는 행복한 교육을 실현하게 된 것은 교육과 관련한 일종의 사회적 대타협 위원회 같은 걸 만들어서 오랜 기간에 걸쳐 고질적인 교육문제를 해소하려는 노력을 해왔기 때문이다.

특히 오랜 경기침체와 더불어 점점 낙후되고 정체된 도시가 되어가고 있는 부산에서 다시 희망을 꿈꿀 수 있는 동력이 될 수 있는 것이 바로 교육이다. 교사, 학부모, 학생도 체념과 지역에 대한 콤플렉스로 주저앉아 있을 것이 아니다. 좋은 학교, 행복한 교육을 통해 부산만의 경쟁력을 갖추어 부산다운 미래를 열어가야 한다. 교육에 부산의 미래가 있다. 더 이상 머뭇거릴 시간이 없다.

문제는 교육이야!

1판 1쇄 발행 2014년 2월 19일
1판 2쇄 발행 2014년 6월 19일

지은이 김석준
펴낸이 강수걸
편집 양아름 권경옥 손수경 윤은미
디자인 권문경
펴낸곳 산지니
등록 2005년 2월 7일 제14-49호
주소 부산광역시 연제구 법원남로15번길 26 위너스빌딩 203호
전화 051-504-7070 | 팩스 051-507-7543
홈페이지 www.sanzinibook.com
전자우편 sanzini@sanzinibook.com
블로그 http://sanzinibook.tistory.com

ISBN 978-89-6545-240-9 03370

책값은 뒤표지에 있습니다.
파본은 구입하신 서점에서 바꾸어 드립니다.

:: 산지니가 출간한 책 ::

선정 · 수상 도서

진보와 대화하기 김석준 지음 ***2006 문화관광부 우수학술도서**

이야기를 걷다 조갑상 지음 ***2006 문화예술위원회 우수문학도서**

비평의 자리 만들기 남송우 지음 ***2007 문화예술위원회 우수문학도서**

한반도 환경대재앙 샨샤댐 진재운 지음 ***2008 환경부 우수환경도서**

이주민과 함께 살아가기 이주노동자와 연대하는 전일본 네트워크 지음 | 이혜진 · 이한숙 옮김 ***2007 한국간행물윤리위원회 청소년도서**

무중풍경 다이진화 지음 | 이현복 · 성옥례 옮김 ***2006 영화진흥위원회 학술도서 *2009 대한민국학술원 우수도서**

단절 쑨리핑 지음| 김창경 옮김 ***2007 한국간행물윤리위원회 11월의 책 *2008 대한민국학술원 우수도서**

길 위에서 정태규 지음 ***2008 이주홍문학상 수상도서**

쯔모-백제의 후예 손혜주 지음 ***2008 대한출판문화협회 청소년도서**

달콤쌉싸름한 초콜릿 이야기 옥태권 지음 ***2008 부산작가상 수상도서**

인도인과 인도문화 김도영 지음 ***2008 문화체육관광부 우수교양도서**

당신이 판사 안영문 지음 ***2008 한국간행물윤리위원회 청소년도서**

어려운 시들 김남석 평론집 ***2008 문화체육관광부 우수교양도서**

사회생물학, 인간의 본성을 말하다 최재천 외 지음 ***2008 문화체육관광부 우수학술도서**

동백꽃, 붉고 시린 눈물 최영철 산문집 ***2008 문화예술위원회 우수문학도서**

빛 김곰치 장편소설 ***2008 문화예술위원회 우수문학도서 *2010 부산시 원북원부산 후보 도서**

습지와 인간 김훤주 지음 ***2008 환경부 우수환경도서**

미완의 아름다움 이상금 지음 ***2009 문화체육관광부 우수교양도서**

부산을 쓴다 정태규 외 27인 지음 ***2009 부산시 원북원부산 후보 도서**

감성과 윤리 구모룡 평론집 ***2009 한국도서관협회 우수문학도서**

입국자들 하종오 시집 ***2009 대한출판문화협회 청소년도서**

한 권으로 읽는 중국문화 공봉인 · 이강인 · 조윤경 지음 ***2010 문화체육관광부 우수학술도서**

동화의 숲을 거닐다 황선열 아동문학 평론집 ***2010 문화체육관광부 우수교양도서**

테하차피의 달 조갑상 소설집 ***2010 문화체육관광부 우수교양도서 *2011 이주홍문학상 수상도서**

신문화지리지 김은영 외 지음 ***2010 한국출판문화상 편집부문 최종후보**

바로 그 시간 전성욱 평론집 ***2010 한국도서관협회 우수문학도서**

강수돌교수의 나부터 마을혁명 강수돌 지음 ***2010 환경부 우수환경도서**

불온한 식탁 나여경 소설집 ***2011 한국도서관협회 우수문학도서 *2011 부산작가상 수상도서**

지하철을 탄 개미 김곰치 르포 · 산문집 ***2011 한국도서관협회 우수문학도서**

불가능한 대화들 염승숙 외 지음 ***2011 문화체육관광부 우수교양도서**

시의 역설과 비평의 진실 정훈 평론집 ***2011 한국도서관협회 우수문학도서**

아파트키드 득구 이일균 지음 ***2012 환경부 우수환경도서**

파미르의 밤 칭핑 외 지음 | 김태만 편역 ***2012 대한출판문화협회 청소년도서**

댄싱맘 조명숙 소설집 ***2012 이주홍문학상 수상도서 *2012 한국도서관협회 우수문학도서**

근대 동아시아의 종교다원주의와 유토피아 장재진 지음 ***2012 문화체육관광부 최우수학술도서**

늙은 소년의 아코디언 김열규 산문집 ***2012 한국도서관협회 우수문학도서**

한산수첩 유익서 소설집 ***2012 성균관문학상 수상도서 *2012 한국도서관협회 우수문학도서**

삼겹살 정형남 장편소설 ***2012 문화체육관광부 우수교양도서**

시내버스 타고 길과 사람 100배 즐기기 김훤주 지음 ***2012 문화체육관광부 우수교양도서 *2014 환경부 우수환경도서**

즐거운 게임 박향 소설집 ***2012 부산작가상 수상도서 *2012 한국도서관협회 우수문학도서 *2013 현진건문학상 수상도서**

이데올로기와 미국 외교 마이클 H. 헌트 지음 | 권용립 · 이현휘 옮김 ***2010 시사인 올해의 책**

황금빛 물고기 김규정 글 · 그림 ***2013 학교도서관저널 추천도서 *2013 문화체육관광부 우수교양도서**

부산언론사 연구 채백 지음 ***2013 대한민국학술원 우수도서 *2013 한국언론학회 학술상**

밤의 눈 조갑상 장편소설 ***2013 문화예술위원회 우수문학도서 *2013 만해문학상**

장미화분 김현 소설집 ***2013 문화예술위원회 우수문학도서**

작화증 사내 정광모 소설집 ***2013 문화예술위원회 우수문학도서**

삼국유사, 바다를 만나다 정천구 지음 ***2013 대한출판문화협회 청소년도서**

꼬마 구두장이 흘라피치 이봐나 브를리치 마주라니치 지음 | 장정렬 옮김 ***2013 학교도서관저널 추천도서**

치우 이규정 소설집 ***2013 문화예술위원회 우수문학도서**

기차가 걸린 풍경 나여경 소설집 ***2013 문화예술위원회 우수문학도서**

문학을 탐하다 최학림 지음 ***2013 부산문화재단 우수도서**

흩어진 모래 이종민 지음 ***2014 대한민국학술원 우수도서**

미국대학의 힘 목학수 지음 ***2014 한국출판문화산업진흥원 청소년도서**

지역 관련 도서

반송사람들 고창권 지음

이야기를 걷다 조갑상 지음

아줌마 기자, 낙남정맥에 도전하다 이수경 지음

걷고 싶은 길 이일균 지음

부자도시로 가는 길 조진만 지음

동백꽃, 붉고 시린 눈물 최영철 지음

미학,부산을 거닐다 임성원 지음

브라보 내 인생 손문상 화첩 산문집

부산을 쓴다 정태규 외 27인 지음

길에게 묻다 동길산 지음

부산 근대 영화사 부산대학교 한국민족문화연구소 엮음

도시, 변혁을 꿈꾸다 정달식 지음

김석준, 부산을 걷다 김석준 지음 | 화덕헌 사진

신문화지리지 김은영 외 지음

우리가 만드는 문화도시 문화도시네트워크 지음

부산을 맛보다 박종호 지음

시내버스 타고 길과 사람 100배 즐기기 김훤주 지음

늙은 소년의 아코디언 김열규 지음

길 위에서 부산을 보다 임회숙 지음

짬짜미, 공모, 사바사바 최문정 지음

SNS시대 지역신문기자로 살아남기 김주완 지음

부산언론사 연구 채백 지음

문학을 탐하다 최학림 지음

부산화교의 역사 조세현 지음